紅沙龍

Try not to become a man of success but rather to become a man of value.
~Albert Einstein (1879 - 1955)

毋須做成功之士，寧做有價值的人。 —— 科學家　亞伯・愛因斯坦

《一個投機者的告白》之

金錢遊戲

Kostolanys beste Geldgeschichten:
1000 profitable Ideen für Geldanleger und Spekulanten

安德烈・科斯托蘭尼 André Kostolany 著

丁紅 譯

推薦序一　投機，是一種戰略遠見

黃國華

別再去盲目相信投資市場流傳的必勝致富聖杯，別人的聖杯說不定會成你的墓碑！

許多讀者剛接觸科斯托蘭尼的書籍，會被其中迷人的故事劇情給吸引，畢竟對於多數局外人士來說，金融圈內實際發生的故事一直都讓人深感興趣。而科斯托蘭尼本身有著聰明、執著又有點怪異的個性，加上他在這系列書籍裡面提到許多金融市場的想法與事蹟，讓這本書的內容更讓人津津樂道。但也由於科斯托蘭尼強烈的個人特質，使讀者單看到科斯托蘭尼生平的奇聞軼事，卻忽略掉他背後所皈依的投資策略。

科斯托蘭尼是位不折不扣的總體經濟論者，換言之他崇尚由上而下（Top Down）的投資哲學。在他書裡面，他不斷強調要成爲一個有遠見的投資家（在他書裡面的說法是投機家）不應該專注在短期買賣價位之間的細微波動，而是應該密切注意各種基本因素，如金融貨幣政策、利率、經濟擴張、國際金融與政經局勢、貿易收支等經濟現狀而衍生出通膨、匯率變動、國際貿易戰、油價波動、產業變遷這類總體經濟重大改變的大格局議題，更不該只受媒體的日常新聞的短見所影響。上述研究與思考課題正是所謂的總體經濟分析的範疇。

科斯托蘭尼的投資經驗不限於證券投資，他還涉獵債券與外匯投資的領域。我個人認為凡是專業領域中曾經有債券固定收益市場與外匯市場經驗的人士，大部分都屬於總體經濟分析論者；因為一個交易員或投資家若能將經驗從股票跨足到債券、外匯甚至於房地產、創投，他會比那些鎮日浸淫在技術K線與短線買賣的股票專家具有更高的分析視野。科斯托蘭尼對於總體經濟的重視，從他在自己的著作中不斷地提出大量具有高度總體經濟視野的論述便可得知。

我一直認為用總體分析可以幫投資人趨吉避凶，買入低估的股市並賣出高估的市場，用總體分析去抓住比較好賺的那一段。當分析的結果是低檔時，投資人必須煎熬那最後趕底期的短期套牢，更難忍受的是當相對高檔時，很有可能賺不到那種末升段與逃命波的噴出快感。台灣的股市氣氛似乎永遠都在過度樂觀或過度悲觀之間擺盪，而沒有中間過渡地帶。一般人可以選擇環境變好但是指數被低估的時點切入，這種好像天降甘霖時，你只要願意移動身體到戶外，就可以分一杯羹；而在高估時就選擇休息與等待，千萬別在蕭條時或空頭時還想去挖掘那種逆勢的奇怪股票，我形容那是在沙漠中鑿井的作法，這種作法當然可行，只不過你要有鑿井設備才行，一般散戶還是作不到。

科斯托蘭尼說：「投資者要有想法，不管正確不正確，這是一個投資者跟證券短線客不一樣的地方。」所謂的「想法」就是他在書裡面更深入提到的主軸，短線客或技術線仙根本不需要建立投資主軸；而投資的主軸無非是總體環境的變革或產業的巨大調整。這些大方向的思考，絕大部分可以從公開並容易取得的資訊去判讀，所以無須去聘請雇員或面對老闆，無須鎮日混在金融市場人士的左右大做公關，換言之，有獨立自由不受約束的心智和立場，才能跟科斯托蘭尼一樣達到財務自主的人生目標。

科斯托蘭尼的書在台灣至少賣出四十萬本。換言之，每十個股票族就有一位科老的讀者。然而，我懷疑這些讀者到底有沒有清楚地從著作中去深入解讀，不然，爲何台灣股市依舊充斥著短線買賣的技術分析線仙呢？科斯托蘭尼對技術分析論者難聽的批判至少有：賭徒、圖表主義者、迷信、憤怒神化與變態、江湖術士、寄生蟲等等。

同樣身爲一位作家，我常常會十分感慨。多數投資人之所以會成爲短線玩家，科斯托蘭尼也直指出其原因是：「銀行和經紀人總是千方百計想把客戶變成短線玩家。」說也奇怪，台股投資人一方面可以把科老的書與言論當成神諭供在心中每天膜拜，膜拜完畢後又拿起報紙與雜誌去閱讀那些業者餵食的短線投資建議。信奉科斯托蘭尼大師的論點和迷信技術分析之間是互相矛盾的，一如總體分析者對於線型與K線總是不屑一顧。

然而，我不認同大師所說：「一個投機家，如果一生沒有至少破產兩次，就稱不上投機家。」這句話恐怕會誤導許多不明究理的投資人，認爲金錢遊戲中招致破產是必經之路，合理化自己莽撞的投資，或是替自己所犯的錯誤自我安慰，甚至「悲情化」虧損這個致命的錯誤。請注意，歐美國家的整體國力與社會福利與台灣不可同日而語，當虧損到孑然一身的窘境時，台灣可沒有健全的社會救濟金可讓人渡過低潮從而翻身！

（本文作者為財經作家）

推薦序二　普通常識，創造不普通的投資

杜英宗

科斯托蘭尼對資本市場的嫻熟度令人驚訝。許多人看到我的頭銜，都以爲我是做股票買賣的。其實不然，我不是做股票買賣，而是創造籌碼的人。本書作者科斯托蘭尼顯然非常了解，在他書中，我是金融家，而且對這一行的運作，也描述得非常傳神，令人佩服。

科斯托蘭尼的故事深受台灣讀者歡迎，除了他豐富的人生經驗外，他特立獨行的個人風格，更是主因，因爲在台灣的投資市場結構中，個人投資占有相當比例。但我要提醒讀者，如果以爲照他的模式操作，就能擁有和他一樣的結果，那就太輕忽投機的風險，也小看科斯托蘭尼了。本書中的每一個故事，讀來輕鬆有趣，可能會令讀者以爲投機沒那麼嚴重。

事實上，以我多年的金融市場經驗來看，科斯托蘭尼是因爲他的背景、社會地位、交遊廣闊、掌握資訊、豐富知識、勤做功課，經常思考，才得以成功。時空變換，當時科斯托蘭尼一個人做的事，在今天是要一組人二十四小時運作，才能做到

的。

科斯托蘭尼不但具智慧，也非常慷慨，在他有趣的故事中，一再提到，眞正好的投資決定來自好的普通常識（common sense），而不是幾百頁的報告，我深以爲然。「投資需要的不是深奧的學問，而是清醒的腦袋」，這個金科玉律一直在書中重複出現。這是科斯托蘭尼送給聰明讀者的禮物，對台灣投資人應該具有相當的啓發作用。

我僅以一個故事狗尾續貂。美國人常說，最好的學生去念博士，二流的學生念法律，三流的學生當CEO，最後管前面的兩種人。因爲三流學生雖然沒有很好的專業知識，但他很有common sense，好的投資人和好的管理人才一樣，都需要有好的邏輯思考。了解科斯托蘭尼對投資、投機的原則，正是讀者所能獲得的最大寶藏。

（本文作者為花旗環球台灣區董事長）

前言　充滿趣味的金錢故事

奧地利劇作家內斯特羅伊（Johann Nestroy）曾經問：「腓尼基人發明了貨幣，但為什麼這麼少？」

安德烈・科斯托蘭尼從青年時期起，便對這種缺乏感到不滿。所以他成了「製造貨幣的人」、「投機者」，選擇了「世界上最好的職業」。有時我問自己，為什麼科斯托蘭尼沒有成為發行貨幣的銀行家——那是名副其實的貨幣製造者。對於這個問題，今天我有兩個答案：首先，銀行家的邏輯是減少貨幣流通，這對於科斯托蘭尼來說等於是自我否認，畢竟他把適度的通貨膨脹看作是舒適的熱水浴。其次是，銀行家的職業不可能賜與他如此富於變化的生活，也不可能為他的讀者帶來如此趣味盎然又寓意深遠的金錢故事。

科斯托蘭尼的《金錢遊戲》，使人回想起另一本索羅門・阿勒西姆（Scholem Aleichem）的書信體小說，故事的主人翁門那西・門德爾（Menachem Mendel）是個離家出走的猶太人，一心想靠投機事業賺錢發達。這個不幸的門德爾與周遊世界的科斯托蘭尼命運正好相反。西方文學喜歡把智慧和樂趣與投機連在一起，除此之外，以金錢爲題的文學作品大都缺乏幽默感。索福克利斯（Sophocles）認爲金錢是罪惡的化身，奧維德（Ovid）讓他筆下的米達斯（Midas）瘋狂熱中點石成金之術，哥德（Goethe）的《浮士德》（Faust）中充滿了金錢、貪婪和性慾。

金錢和投機之間不應存有這種晦暗和痲痺。艾米爾．左拉（Émile Zola）在他的小說《金錢》的結尾問道：「爲什麼金錢要對其所導致的骯髒行爲負責？」貨幣經濟是市場經濟的一個重要元素，從而最終成爲一種秩序，包含了高級生命的自由。對科斯托蘭尼來說，貨幣經濟像我們呼吸的空氣一樣重要。他是怎樣運用貨幣經濟的，可以在他極有吸引力的書中讀到。如果科斯托蘭尼對於金錢的敏銳感被電腦程式所取代，是十分可悲的。如果眞是這樣，又有什麼金錢故事可講呢？

卡爾．奧托．弗爾（Karl Otto Pohl；前德國央行總裁）

一九九一年八月於法蘭克福

故事之前的故事——科斯托蘭尼的旅程

一九〇六年，被朋友暱稱為「托斯卡」的安德烈．科斯托蘭尼出生於布達佩斯，猶太人，父親是殷實的酒商、議員，有三個姊姊、二個哥哥，自認為是不甚起眼的老么。

托斯卡的父親活躍、大方，經常掛在嘴邊的名言是：「浪費總比把錢送給醫生好！」托斯卡生平第一次挨打，就被這樣的父親刷了一耳光。年幼的托斯卡隨家人出外野餐，向保母討水喝，只講了一個字：「水」。父親打了他，因為他忘了說「請」字。

一九一四年七月二十八日，奧匈帝國王儲遭刺殺，引發第一次世界大戰，托斯卡當時因病躺在床上，聽母親講床邊故事，對家人的恐慌記憶深刻。匈牙利政府為鼓舞士氣，推動「以金換鐵」活動，鼓勵民眾幫助國家增加黃金準備。學經濟的哥哥為托斯卡解釋為何需要黃金，有了黃金可以換外匯，換美元，有了美元可以換物料、武器，逼不得已還可以移居中立安全的美國。這一年托斯卡八歲，已然明白

美元的價值。七十三年後的一九八七年，他以《美元有何作用？》爲名，寫下暢銷書。

十三歲，托斯卡隨家人移居維也納，在家庭和外在環境耳濡目染下，深深著迷於歐洲多種貨幣的各種變化，進而利用不同貨幣價差投資獲利，自此上癮八十年沒有停歇，第一次外匯投資的利潤是一〇％。經由學校、女家庭教師和廣播，托斯卡學會純正的德、法、英語，修習哲學和藝術史，立志要當散文作家，另一方面則沉迷音樂，第一次聽歌劇與做外匯投資恰巧同步，會演奏數種樂器，與多位著名音樂家維持終生交誼，因爲藝術家們相當熱中於金錢遊戲。直至暮年，托斯卡依然無法忘情地宣稱：「音樂如宗教一般撼動我的靈魂。」

人算不如天算，托斯卡的文學夢、音樂情在十八歲被「摧毀」。父親把他送到巴黎老友處學習股票營生。世界花都無限迷人，托斯卡說：「我在巴黎很快失去童貞，帶著朋友逛妓院，但我只是清白的領路人，因爲家庭教育不容許我這樣做。」

巴黎時期是未來的證券教父、自傲的世界級投機者建立人生觀、金錢觀的關鍵時刻。托斯卡擔任經紀人、交易員，也開始放空投機，立志成爲百萬富翁。放空者是終生的悲觀主義者，科斯托蘭尼在這個階段闖下名聲，累積驚人財富，換算今日幣値，年收入逼近新台幣千萬元，但他表示這是九十三年人生中最晦暗的時期；

「衆家稱好，獨我看衰」的精準判斷，使托斯卡每戰皆捷，但擁有財富買不來快樂，因爲「如果你所有的親友只要有杯咖啡就滿足了，而你獨自享有更奢侈的魚子醬或香檳酒，這樣並不能帶來幸福。」

二次世界大戰前，托斯卡因爲交遊廣闊、嗅覺敏銳，在希特勒逼近巴黎前變賣家產逃往美國，所有家眷也在陸續安排下逃過迫害，散居歐陸各地安度餘生。雖然遠離戰場，托斯卡更加琢磨他備受稱譽的國際眼光，在充滿錢味的美國，進行所謂的「環球旅遊型」套利投資工作，利用不同價差、時間差、幣值差，在各種金融產品之間轉換買賣。經歷戰爭和半世紀金融危機，領悟政治和投機、投資永遠脫不了干係，放眼全球市場和標的物，成爲大開大闔、以眼光和決斷爲工具的大投機者，成敗、輸贏只是淬礪的結果，金錢，可以是一場遊戲。這個醒悟造就一個與自找挑戰的「遊戲者」，而不是國際大炒手。

托斯卡用一個故事解釋自己所擁有的判斷力。年輕時學開車，駕駛教練告訴他，再怎麼學，他一輩子也開不好車。托斯卡非常驚訝問：「爲什麼？」教練說：「因爲你的眼光總是在引擎蓋上，你要抬起頭，看著遠方三百公尺的地方。」經此點化，爾後他的開車技術判若兩人。同樣的道理，托斯卡也奉勸所有經濟學家，抬起頭來看著遠方，不要只是喋喋不休爭論明年的經濟成長率是否相差一個百分點。

但作爲投機者，他認爲國家經濟無所謂好壞，情勢好、情勢壞，投機者都要承擔一樣的風險。

五〇年代托斯卡延宕已久的文學夢有了一個轉機，他開始創作，爲報紙、雜誌供稿，闡述他最內行的國際政治、經濟情勢分析；六〇年代起針對證券、貨幣等各類金融議題出版書籍，《這就是股市》（*Si la bourse m'était contée*）一書被翻譯成七國語言，包括日文在內，還被改編成電影，自此躋身暢銷作家之列近三十年。他與德國經濟評論雜誌《資本》（*Capital Heft*）結緣二十五年，二十五年中只有兩次缺稿；一次因爲旅遊國外重感冒，另一次是科斯托蘭尼批評一位媒體人，編輯有所顧忌而抽稿。他在德國、奧地利多所大學擔任客座教授，成爲青年導師，在咖啡館設立講座，不斷教導青年朋友：在股票市場上成功，不是靠計算，而是思想，用腦子思想。匈牙利創辦證券交易所時，托斯卡榮膺榮譽主席。

集財富、名聲、優雅、溫情於一身，托斯卡的評論老練火辣，市場派的歷練使他經常嘲諷科班出身的學界、業界人士。超過十年的經紀人資歷，托斯卡的結論是：太平盛世，股票經紀人才有飯碗；好的經紀人要能喚起他人想賺錢的興致。還有：得到客戶不難，難的是留住客戶。他認爲任何一個投資股票的人，一生之中遲早要當一次投資專家，因爲總會對一把的，要一直保持贏面其實難得多。

一九九四年，托斯卡接受德國電視二台《世紀見證》節目專訪，被問及他到底算是哪個國家的人，向來幽默風趣的他給出這樣的答案：

出生匈牙利，住在法國，持美國護照，在德國工作；進一步而言，我以十個城市為家：紐約、倫敦、蘇黎世、維也納、威尼斯、日內瓦、科特達祖爾（法國）、慕尼黑、巴黎。祈禱時，和仁慈的上帝講匈牙利語，與年輕同事和朋友講法語，和學生朋友講德語，跟銀行打交道，嗯，講英語。

一九九九年，人類史上豐華的二十世紀即將暫時寫下句點，見證百年金融發展、備受讀者喜愛的狂狷智者，安德烈．科斯托蘭尼寫下人生的最後著作《一個投機者的告白》（商業周刊出版），為自己九十三年的人生驕傲地下了結語：「我是投機人士，始終如一！」

托斯卡是天主教徒，相信上帝，在他認為，他人生兩次大破產、一敗塗地，都經由上帝之手而挽回，一個眞正的投機者就像不倒翁，受了任何挫折都要趕快站起來。他與《資本》雜誌約定，二〇〇〇年一月號要寫一篇專欄文章，托斯卡說：「《資本》雜誌已經保證由我來寫，但誰又能為《資本》雜誌作保呢？」

《資本》雜誌沒有得到上帝的允諾，安德烈．科斯托蘭尼失約而去，病逝巴黎，留下財富給繼承者，留下典範給所有的讀者。

文學大家波赫士寫道：「人生，是一句引用句」。這就是科斯托蘭尼留下的引述材料，一個投機者的旅程。

編按：本文取材自科斯托蘭尼十三本著作及中國海南出版社二〇〇一年出版《一個投機者的智慧》。

金錢遊戲

CONTENTS

第二篇

股匯市的迷藏 113

第一篇

投機者一生的迷藏

投機者真是一個美好的職業，
富於幻想，也富於冒險，
致使我從玩彈珠的年紀第一次真正接觸投機開始，
到後來歷經兩次徹底的破產，始終不改其志。
一日投機，終身投機！

1 給投機者的一席話

投機者是這世界最棒的職業，
可令人一夜致富，但也可能一夕破產！

「投機者」不是普通的職業，更不保證能夠功成名就，卻是一種健康的職業。每個人都知道，腦力勞動是人類生理狀況的重要元素。所以老人喜歡玩填字遊戲、下下棋或打打牌，因爲這類活動要求腦力不斷運作。投機也是一種這樣的精神鍛鍊、一種體能運動、一件有趣的事。**對一個真正的投機者來說，重要的不僅僅是贏錢的快感，他要證明他有理。**投機者的工作與記者相近，都是透過分析事件而得出最終結論；記者的結論是評論，投機者的結論則是行動。當然，記者分析錯了還可以繼續當記者，投機者一旦犯了錯，就必須立刻改行。

投機者生活得像哲學家一樣，儘管他只是個籍籍無名的哲學家。赫拉斯

（Horaz）說：**「遠離工作的人是幸福的。」**投機者總是隨身帶著工具：一支手機、一台收音機，也許還有一份報紙。但他從不像奴隸般死盯著每一個字母，懂得從字裡行間讀出神韻。投機者沒有老闆也沒有雇員，不像銀行家和經紀人那樣必須忍受神經質的顧客；是一個高貴的人！

這個高貴的人可以隨心所欲地支配自己和時間，因此許多人羨慕他、效仿他，也就不足爲奇。我不知聽了多少遍這樣的問題：如何才能成爲成功的投機者？

投機者的精神永不停息，甚至在睡眠中也要和自己討論：「我應該買、應該賣，還是應該觀望？」他必須像個管風琴手一樣，用盡所有辦法，面面俱到；他也必須能預見事物的結果，以及可能出現的反應。這通常不是件簡單的事，一般人其實很難預測任何事件或股市的結果。但投機者不同：有時他的反應倒像是個酗酒成癮的人，聽到好消息哭，聽到壞消息笑。

作爲投機者要具備什麼條件？一位偉大的思想家曾經說過：**「當人們忘記一切時，剩下的便是文化。」**股市的道理也如出一轍。**如果你能夠拋棄所有經濟學家死死盯住的預算、匯率、統計數字和其他廢物；簡單地說，拋棄所有儲存在電腦和布滿灰塵的圖書館裡的資料，剩下的才是股市的知識。**什麼都不知道，又什麼都懂，能聽到草木成長的聲音並富有想像力，這就是一個理想的投機者應具備的條件。請不要混淆金融家和投機者這兩個概念，他們是來自兩個不同的世界。金融家總是全心全意投入他所設計的生意。金融家需要不斷爲企業籌措資金，所以投入股市希望能以此解除資金短缺的問題，他的目標當然總是某一樁股票交易，但是這個交易所引起的思考和行動會轉嫁到股市行情上去。但投機者不同，投機者喜歡做個旁觀者，冷靜分析並非由他所引起的事態發展。

是的，請容我要再說一遍：**「投機者真是一個美好的職業，富於幻想，也富於冒險。**投機者可以造錢（不是掙錢），可以富有，但投機者也可能失敗，失去很多，甚至在一夜之間破產。」

很久以前，大學裡一位求知欲極強的學生曾經問我：「您希望兒子也做投機者嗎？」

我的回答是：「如果我只有一個兒子，他將成爲音樂家；若有第二個兒子，我將培養他成爲畫家，第三個兒子培養成作家或記者，而第四個兒子一定要做投機者。因爲總要有一個人養活他三個窮哥哥。」（詳見商業周刊出版《一個投機者的告白》）

如果這第四個小子聽我叔叔的話就糟了，他是個自豪的單身漢和投機者，喜歡如下理論：有三種不同的方法可以輸掉財產——最快的方法是賭輪盤；最愜意的方法是和女人在一起；最笨的方法是買股票。

這張照片是我的真實寫照：打字機前的記者，嘴中叼根大雪茄，享受生活的人。把這些統統加起來，就成了我的青年時代。牆上是曲線圖——預示著我的將來與股票有著不解之緣。

2 一日投機，終身投機

股票本身的價值無足輕重，重要的是可以炒作。

我的記憶力肯定很差，尤其是對數據和人名，但我總是忘不了我的第一筆股票交易，就像唐璜（Don Juan）對他的第一次冒險記憶猶新一樣。

二〇年代末，我在巴黎有了第一次的股市經歷。那一筆交易，是我們公司打掃辦公室的人給出的主意。我生平第一筆大交易，是用現金四〇〇法郎購買兩張法國鋼鐵公司股票，再貸款一筆錢，以每股三〇法郎用期貨方式購買英、葡聯合礦業公司莫桑比克（Mocambique）的二十五張股票。趨勢看漲，那一趟投資就像一條單行道，在通貨膨脹的影響下，怎麼可能有其他結果呢？人們唯一需要做的就是今天買、明天賣，或者明天買、後天賣。我輕而易舉地藉由這兩支股票，讓資本滾了好幾倍。

我想，對於有主見並堅定信念的人們來說，股市眞是世界最偉大的發明。從那以後已過半個世紀的時光，我還依然抱持這個信念，且深信不疑。因爲我從那一刻開始，便完全依靠股票交易爲生，而且生活得相當好。好生活對匈牙利人和蘇格蘭人是不同的標準。股市不僅是資本主義體制的重要發明，更是一個美好的發明。

按照清潔工的建議，我又用這翻了幾倍的資本，買了二十五張馬佐夫（Maltzoff-Aktien）和二十五張理奧索夫（Lianosoff-Aktien）股票。其實這些根本不值什麼錢，**但在精神上，一支股票本身有多少價值無足輕重，重要的是可以炒作。**和所有股票一樣，這兩支股票也在飆漲。我的資本又增一倍，居然成了擁有二〇〇美元現金（約今天的三萬馬克）的小資本家。

由於這樣成功，我很想上證券交易所瞧個究竟。有位同事擔負起了這項神聖的任務，介紹我和我的新歡——證券交易所認識彼此。

說實在的，當時我對那裡的第一印象並不是很好。對於那樣一個地方，我完全是個門外漢，大夥嘴裡吐出來盡是些令人費解的行話、奇怪的字眼和神秘的數字。老老少少上百的投資人，從一個電話亭走到另一個電話亭，向手持電話的交易員咬耳朵，爆些內幕消息。

他們從倫敦、阿姆斯特丹討論到米蘭，從一個城市買股，又在另一個城市賣掉。他們不依賴隨時間變化的行情買進賣出，而是藉由地區間的價差，比如說倫敦和巴黎之間價格的差異，而獲取利潤。我不懂這些，只聽出了一點端倪：每個人都有最好的主意，每個人都是預言家，或至少是個天才。

和股市初次接觸，對於交易所的種種，我不過是襁褓中的嬰兒。但顯然，我相當厭棄印象中那些虛張聲勢的詐騙。於是我得出了最後結論：如果所有的人都在行情上升時買入，那麼我要與大家背道而馳；**在行情下跌時同樣可以投機**。於是我決定，準備把牌押在行情下跌的股票上，以放空掙錢，再看看這些只會吹牛的人如何賠錢了事。說到做到，我很快掌握了放空的技巧，這時我必須以期貨的方式賣出根本還不曾擁有的股票，再用放空賺來的錢，零星購買看來有利可圖的下跌股票。

這頭一回的股市結論，決定了我後來幾年的命運。也許只是直覺或運氣，我生平輝煌的時期就此展開。隨後的幾年我們碰上經濟史上最艱難的時期，整個資本主義體制命若懸絲。從那時起，我們經歷了許多次股市危機，不過都幸運地挺了過去，證券投資人也在短時間內傷癒重新出發。

我很希望年輕人在學校時，就能實務操作股市交易，接觸並實踐股市的相關哲學。將來這些年輕人與有價證券打交道，就像我們的母親做飯、操持家務一樣，個人的實踐是最好的方法。炒作股票的人以個人的經驗、思考和感覺爲生。英格蘭人說：「我的家就是我的城堡。」而股票族的發明是：**「我的鼻子就是我的城堡。」**

科斯托蘭尼說：
人們相信一段持續性的經濟成長，
絕對有利於股市行情；錯！
經濟成長需要大量資本直接投入，
如果銀行吸走大部分存款，
留給投資有價證券的不太多，
那市場還是漲不起來。

3 燕麥與足球

那時市場遊戲中最主要的因素是天氣，老天爺的魔力擺布糧食行情的漲落。

其實我與交易所的第一次對壘，比前面說的還要早了十五年。那是我在布達佩斯的童年時期，正好是玩彈珠的年紀。那一時期的匈牙利，糧食交易所是人民日常生活的重心。匈牙利是生產麵包粉、玉米和燕麥的農業重鎮，所有生產活動都圍繞著糧食交易所進行。這裡是歐洲最活躍的市場，交易熱絡，來自海外的電報以及訂單散落整個城市，敲響布達佩斯不同凡響的繁華樂章。大筆的交易也爲每一個人提供了參與小範圍投機的機會，這正對性格開朗匈牙利人的脾胃。

人人都關注糧食——也關注影響糧食行情的所有事物。在市場遊戲中最主要的因素是天氣，是老天爺的魔力：是破壞收成的乾旱，或是增加產量的喜雨。

糧食行情的漲落就像晴雨錶，完全根據天氣預報而變化。尤其是在乾旱的夏天，在城市中無數的咖啡園裡，在每一處街角，人們都急切盼望雲彩出現。如果不下雨，燕麥的收成就危在旦夕，連軍隊也焦慮不安，因爲那時燕麥扮演著相當於汽油在現代軍隊中的角色。伴隨著氣象痛苦，另外還有新的憂慮：一場匈牙利國家代表隊對外國隊的足球賽；這關乎每個人都十分重視的體育尊嚴。這場期待已久的體育盛事，甚至打破了酷暑中凝結的悶熱。

我更是格外地激動，因爲這是我生平第一次觀看眞正的足球賽，而且是我最喜歡的叔叔要帶我去享受這件新鮮事兒。

比賽當天的早晨，我從床上跳起來看天氣如何。啊呀！地平線上布滿大片烏雲，潮濕的風陣陣吹來，空氣沉重，已經隱約聽到轟轟的雷鳴。我和爸爸都非常不安，他也準備要去觀看這場體育賽事。整個上午，天氣愈來愈糟，我也愈發失望。但我們還是按約定好的時間與叔叔碰面。我們想，他一定也是心情沉重。但當我們和叔叔碰面時，多令人驚訝，他的眼睛居然綻放著光芒，幸福微笑地搓著雙手，好像剛剛完成了一件大事。平時叔叔從不跟我們孩子唱反調，連開玩笑時也不會這麼做。

「我親愛的孩子，多麼好的一天啊！你們看，天空下起了傾盆大雨，足球賽取消了。」

爸爸和我不知該說什麼才好。球賽取消他居然敢大聲稱好！他竟然更加無情地繼續說：「眞是太妙了，這眞是場及時雨！你們什麼都不懂，雨帶來好運道！明天交易所上的燕麥就會跌價，我等這場雨，已經等了幾個星期了。」

叔叔說得有道理，第二天交易所裡燕麥行情果眞暴跌，收成得救了。那些放空投機的人可以坐收其利，軍隊也可以安下心來——所有這一切都以足球賽爲代價。

這場泡了湯的足球賽要讓交易所負責，當天我發誓，一定要伺機報復。

4 哥哥的酒椰葉投機

在我還是孩子時，就已深切體驗到，不能跟著當天的新聞做投機買賣。

成功的投機者必須是敏銳的政治分析家，又是訓練有素的大眾心理學家，因爲他同時有兩個謎要解：政治事件和公眾的反應。關於政治還可以用某種邏輯推演去衡量，但大眾的反應就完全不是這麼回事，自有一套不同且難解的規則。正如我說過的，我們不知經歷了多少次股市狂暴的行徑，戰爭爆發可能把行情推到至極的頂峰，也可能完全相反，把股價打入萬劫不復的谷底。股市的老格言說：「在槍炮聲中買進，在悠揚的小提琴樂曲中賣出。」這些話在今天已經過時了，因爲股市中人人皆知的道理便已算不上知識。凡事都要靠投資人自己去衡量。

在我還是孩子時，就已深切體驗到，**不能跟著當天的新聞做投機買賣。**

一九一四年初夏的火藥味導致了投機熱潮。人們首先爭購有危險、不再進口到匈牙利的物資，舶來品的行情節節上漲，人們什麼都買，香草、胡椒、丁香等，尤其是酒椰葉，因爲酒椰葉在匈牙利釀酒業中的位置不容取代（酒農需要這種葉子做絲膠）。

當時我哥哥在一家大銀行實習，專門負責原物料的財務管理。哥哥得到酒椰葉交易的「暗示」，和幾個朋友一起用不值錢的假名，在銀行借款買了幾支値錢的乾草。那時酒椰葉的價格已被炒得過高了。

酒椰葉最初似乎很走運，戰爭爆發後，價格青雲直上。但戰事的消息卻在年輕投機者的帳本上塗了一筆，而且是重重的一筆。奧匈聯軍閃電般衝向塞爾維亞，同時德國軍隊開進馬恩河畔。（編注：一次世界大戰，協約國軍隊同德軍於一九一四年及一九一八年，在法國馬恩河地區進行兩次會戰。）在東普魯士，興登堡將軍戰勝了俄國人。前線的三場勝仗似乎讓人們看到了戰爭的結束，一切即將恢復正常。

酒椰葉的行情開始下滑……，貸款帳戶上是好大一筆負數，銀行要求償還，但所有的口袋都是空空如也……。從早點到晚餐，我哥的臉一時比一時長、一天比一天難看。上漲一個百分點他就鬆一口氣，下跌三個百分點他又陷入更深的絕望。我們一同經歷了這起落。

前線的消息對我們很重要，而這些消息對酒椰葉行情的影響對我們同樣重要。

當我哥哥明白，爸爸對他的求救其實並不十分情願回應時，他非常害怕。即使媽媽從中協調，也沒讓爸爸大方多少。由於銀行頻頻催債，我哥陷入窘迫，甚至想要自殺，我們嚇得直打哆嗦，整個家充滿了悲劇的恐怖幽靈。最終，父親還是接受了這場悲劇。他知道哥哥把債務視爲有損尊嚴的恥辱，才終於同意支援哥哥一筆救急的錢。

從那以後，我們家會避免提到酒椰葉這個名詞，就像在有人上吊過的房子裡不能提繩子一樣。結果沒有發生悲劇，沒有破壞家庭的尊嚴，我也沒有得到夢寐以求的紅色自行車……。這場危險的投機緊急狀態剛剛解除，馬恩河戰事再起，其他前線也遭到反擊。勝利的希望破滅了，戰爭無情地展開。酒椰葉的行情再次攀向頂峰，贏回了它曾失去的一切，但所有的轉變已爲時太晚……。

故事中的人物，我的父母和哥哥離開這世界已經很久了。酒椰葉的買賣在今天對我來說顯得那麼可笑，與國際市場的大宗交易相比顯得如此單薄，當時能獲得的利潤相當於今天在紐約一頓晚餐的價值。但是至今，我還能從骨子裡感覺到當時的恐懼，這成了我生活和交易活動的警鈴，時時提醒我保持清醒。

5 對「海洋」的誤解

結束與金融世界交手的幾天之後，我才發現，「海洋」其實不是船舶業，而是罐頭廠！

所有形式的股份公司都有一個共同的祖先：冒險。

經常針對金錢、利息等議題發表言論的羅馬哲學家卡托（Cato）建議，把交易和航海事業連成一種組織，那便是股份公司：**「不能自己航海。如果想把船駛進大海，要和其他四十九個朋友一起嘗試。」**

「冒險」一詞在今天有貶抑之意，但在十七世紀卻有非常精確的法律義涵，「冒險」是一種商業組織，通常屬於殖民企業，目的在從事大膽的貿易和嘗試。股份公司的創始人，即股東，擁有官方的名字：「冒險家」。這個名稱至今還可以在最早的股份公司證書上找到，那是一六七〇年成立的盎格魯—加拿大股份公司。按照傳統，主席在每年一度的股東大會上致開幕詞：「我的冒險家先生們……」，這在會議大廳的紅木屋頂下聽起來異常莊重。

冒險，在我們的耳朵裡是個不規矩又不浪漫的概念。

但誰沒有自己的冒險故事，至少是在經濟上的冒險？

我的冒險始於穿著短褲翻譯拉丁文的時期。那時我在布達佩斯上中學，和幾個死黨基於對文化的熱愛，隆重成立了「文學與音樂股份公司」。

我被選爲財務長。由於我十分認眞看待這個職務，所以是懷著激情和職業的良知隨時關注經濟動態。

那時，整個中歐在通貨膨脹的狂潮中達到了沸點。一天工作結束後，人們並非爭相欣賞報紙上有趣的漫畫，而是關注股市行情。匈牙利的生活，隨著克郎在蘇黎世行情起伏的節奏而波動，但此刻克郎卻直線下跌。

經濟全面動盪，行情在一天之中有可能增長一倍甚至兩倍。在這樣的溫室空氣中，謠言像蘑菇一樣從地裡隨處滋生——有時更像毒蘑菇。

各種消息不斷在左鄰右舍之間流竄、傳播，且每傳一次就會減少一點眞實性。誰沒有幾個朋友，某人的理髮師透過銀行主任的警衛的老婆而準確地得知，應該買這支或那支有價證券！

人們必須有很強的定力，才能對這一切毫不動心，不隨著這場盛大的投機舞會起舞、喧鬧，然後就莫名其妙成了富翁。當然我們這些孩子也受這股投機衝動所感染。假如我們昨天買了某支股票，今天的兜裡就會有三倍的資金，我們必當搏命一試。

這種想法不停地折磨著我。我從未試圖要一夜之間成爲百萬富翁，只是希望自己能買得起最新版本的百科全書，儘管這所費不貲。

有一天早晨我聽父親在電話裡說，政府將透過談判，重新獲得一九一八年停火後失去的船隻，看來船舶業已經露出曙光。

能夠懷疑父親的建議嗎？不行，這次一定要有所行動。

「文學與音樂股份公司」的資金有限，我們無法有什麼大動作。我們還可以接受「海洋」股票的價格，所以最後選擇了它，把所有的資金都押在糧食和煤炭的裝卸上，希望這次能帶來好運。我顫抖著來到銀行下了訂單，賭博開始了。

幾天之後出了狀況，新財政部長展開一場打擊高物價的大戰。迎頭痛擊維持大衆生命的行業所採取的高價策略，直接影響了奢侈工業和醫事藥品貿易商，更影響了股市價格。

「海洋」股票猶如無人駕駛般無量下跌。銀行很快就要求我們提高資本，但我要到哪兒去籌這筆錢呢？

幸運的是，我善良的表姐比較通情達理，禁不起遊說，爲這件好事犧牲了她的積蓄。邁向希望王國的第二次衝擊就此結束了。

打擊高物價的風波只維持了短暫的時間。部長先生在這場冒險中失去了理智，不但退出了政治舞臺，還進了瘋人院。他成了人們茶餘飯後嘲諷的對象。行情又開始上漲。

「海洋」剛剛回升，就轉化成十本讓我渴望已久的百科全書，再外加買進了一支英國股票。一切進展順利，但在這場美好的交易中，我們忽略了一個小小的誤會：在結束了這場與金融世界交手的幾天後，我才發現，原來「海洋」根本不是船舶企業，而是魚罐頭製造廠！

這個故事的結論是：**想在股市上賺錢，並不一定非有最準確的消息不可**。我比各位較早學會了這一點，並在日後不斷落實實踐。

6 三份檔案，一生寫照

二十三歲，我買下第一份保險，保額一萬美元；
第二份檔案是法院查封的傳票，我破產了；
第三份檔案證明我在破產後的三年內，又攢了十五萬法郎。

幾個月前我整理了地下室，發現十二瓶一九三八年產的派波．海斯克香檳（Piper-Heidsieck-Champagner），可惜的是，已經變成白葡萄酒，但還可以享用。在許多書籍和私人物品之中，有一只裝有舊文件的信封。我瀏覽了所有的文件，從中發現三份資料。

這三份資料是股市專家的一生寫照。第一份文件的日期是一九二九年，那時我二十三歲，是股市專家，成就斐然，已經賺進大筆財富。文件的內容是保險金，顯示我當時買了爲期三十年的壽險，保險額爲一萬美元，一半付法郎，一半付美元。

一九二九年的一萬美元，相當於現在四十萬美元的購買力。這一方面顯示了我的投機順利；另一方面，我想存點錢。由於我是單身漢，再加上父母生活優裕，這個壽險只有一個目的，強迫儲蓄。我每個月必須付一點錢，以便三十年之後可以逐期提領保險金。以二十三歲之齡我就已經如此小心，並想到了要存錢。

更有趣的是保險公司的附款，信中確認：根據您的特殊要求，我們願意破例，在爲期十年的時間，即便是在自殺的情況下也支付保險額。今天我自己都感到驚訝，我才二十三歲就爲自己辦了壽險，甚至想到爲自殺而投保。當一個人徹底垮敗時，這看來是他最後的出路。五年之後我眞的有了自殺的念頭。爲什麼？請看第二份文件。

一九三四年初，我接到巴黎法院寄來的傳票：如果我在今年二月二十六日之前不還清債務。順便提一句，是背了萊茵河賓根市一家公司的債，我在羅西尼大街拍賣行的家具會被拍賣，公寓門上貼著封條和拍賣通知，我在四年的春風得意之後就這麼破產了。原因很簡單：糟糕的投機。

從一九三二、三三年之交開始，我的日子就不好過。因爲我做了大筆的放空投機——而股市一漲再漲，結果輸掉了我所有的錢，深陷大筆債務。唯有我的家具倒是沒輸掉。投機族非常團結，一位同事幫我及時還了債。

萬一股票商破產了，他會做什麼？還是必須去工作。我去工作了，而且是做經紀人。我放棄了自由的投機者生活，靠回扣報酬過生活。很快我便徹底恢復過來，而且恢復得相當好，在三年之後的一九三六年，又攢了十五餘萬法郎的收入。第三份文件可茲證明。這在當時相當於一萬二千美元，根據今天的購買力肯定翻上個二十倍，大約相當於二十五萬美元。

這是股市專家的典型故事。這個故事告訴我們，**所謂的股市專家必須是個提得起放得下的人，一旦失去積蓄，就必須工作。**

順便說一句，我後來很快就不用再當經紀人了，直至今日一直都是獨立、自由的投機者。我演講、寫作、討論，而且只要我還能呼吸，會一直做下去，至於這是否是工作，應該讓讀者評判。

在此我想起了偉大的作家默納（Franz Molnar）的一個笑話。他的夫人莉莉（Lili Darvas）吩咐新來的清潔女工：「打掃的時候不要打擾先生。不許走進他的辦公室，他在工作。」第二天清潔女工對女主人憤憤地說：「尊貴的夫人，我碰巧向尊貴的先生的工作室看了一眼，他沒在工作，他在寫東西！」

投機天賦大考驗

你是天生的投機者嗎？

在進入「股匯市的迷藏」之前，請先測試你自己的股性，看看你是專家級的作手，還是有前途的好手、有潛力的新手，或是有待努力的外行生手。

1 股市使你想到哪種遊戲？

(a) 國際象棋（西洋棋） □

(b) 斯卡特（德國三人玩的牌戲） □

(c) 足球彩票 □

(d) 賭輪盤 □

(e) 跑馬賽 □

2 決定買進或賣出的關鍵是：

(a) 對股票的分析 □

(b) 對市場的分析 □

3 我以什麼標準評判自己買進的股票？

(a) 買入價 □

(b) 當天牌價 □

4 買股票時重要的是：

(a) 選擇種類 □

(b) 時機 □

5 對短期股市趨勢的關鍵作用是：

(a) 一般經濟成長率 □

(b) 產業經濟成長率 □

(c) 利息 □
(d) 心理因素 □
(e) 市場的技術狀況 □

6 對中期股市趨勢有關鍵性影響的是：
(a) 一般經濟成長率 □
(b) 產業經濟成長率 □
(c) 利息 □
(d) 心理因素 □
(e) 市場的技術狀況 □

7 會對長期股市趨勢產生決定性影響的是：
(a) 一般經濟成長率 □
(b) 產業經濟成長率 □
(c) 利息 □
(d) 心理因素 □
(e) 市場的技術狀況 □

8
我何時會拋售股票？

(a) 小有利潤時便賣出 □

(b) 獲得大利時才賣出 □

(c) 不計得失 □

9
我會在何時買進股票？

(a) 漲價時 □

(b) 跌價時 □

(c) 其他原因 □

10
我會把低價賣出的股票用高價買回來嗎？

(a) 是 □

(b) 否 □

11
我也會買瀕臨破產公司的股票，就像會買狀態不好的債券一樣嗎？

(a) 是 □

(b) 否 □

12行情在小成交額下攀升時，這對市場是：

(a)有利 □

(b)不利 □

13市場行情雖有好消息但沒有立刻上漲時，我會利用這一機會：

(a)買進 □

(b)賣出 □

14投資時重要的是：

(a)節奏 □

(b)計畫 □

15統計曲線圖對什麼有意義？

(a)長期趨勢 □

(b)短期趨勢 □

(c)兩者都不是 □

16股票族的思維過程與哪種人相似？

(a) 工程師 □
(b) 商人 □
(c) 律師 □
(d) 企業管理者 □
(e) 醫生 □
(f) 政治家 □

17股票族兩種最好的特質是：

(a) 敏感 □
(b) 直覺 □
(c) 靈活 □
(d) 清醒 □
(e) 想像力 □
(f) 攻擊性 □

18股票族兩種最壞的特質是：

(a) 固執 □
(b) 猶豫不決 □
(c) 膽子過大 □
(d) 沒耐心 □
(e) 吹毛求疵 □
(f) 跟著感覺走 □

19 對股票族來說，什麼最危險？
(a) 客觀地接受資訊 □
(b) 錯誤的資訊 □
(c) 對錯誤資訊的錯誤評判 □
(d) 對正確資訊的錯誤評判 □

20 炒股遊戲和投機的區別在哪裡？
(a) 有價證券的素質 □
(b) 節省時間 □
(c) 相對的數量 □

(d) 思考的方法 □

21 一般情況提高稅收後股市會上漲嗎？

(a) 會 □

(b) 不會 □

22 股票會在經濟衰退時升值嗎？

(a) 會 □

(b) 不會 □

23 由最大的公司一致推薦的股票，我將：

(a) 買進 □

(b) 審查 □

(c) 賣出 □

(d) 不買 □

24 從短期來看，大金融機構經理人的行為對我來說意義為何？

(a) 大 □

(b) 小 □

(c) 無意義 □

25 內線人士推薦他們公司的股票，我認為：

(a) 很值得重視 □

(b) 不怎麼值得重視 □

(c) 根本不值得重視 □

26 對於長年有經驗但無成就的股票族的意見，我認為

(a) 很重要 □

(b) 不怎麼重要 □

(c) 根本不重要 □

27 國家政治對股市的影響：

(a) 大 □

(b) 小 □

(c)毫無影響 □

28 一旦作出決定之後，我將：

(a)立即行動 □

(b)再考慮一遍 □

29 國際政治對股市的影響如何？

(a)小 □

(b)大 □

(c)毫無影響 □

30 人們能贏回輸掉的錢嗎？

(a)根本不會 □

(b)有時有可能 □

31 總能在最低價時買進、又在最高價時賣出股票的投機者是：

(a)消息最靈通的人 □

(b) 有經驗的老專家 □
(c) 騙子 □

32 我研究股票交易行情表的頻率是：
(a) 每天 □
(b) 每週 □
(c) 每月 □

33 投機和投資的區別是什麼？
(a) 有價證券的素質 □
(b) 時間長度 □
(c) 相對數量（對財富的衡量） □
(d) 思考的方式 □

34 對已經成為過去的事件進行分析重要嗎？
(a) 是 □
(b) 有一點 □

(c) 不 □

35 投機者可以在什麼時候結算？

(a) 在每筆交易後 □

(b) 每月 □

(c) 每年 □

(d) 永遠不 □

36 股市暴跌後，所有的徵兆都預示著新的轉機，我會購買何種股票？

(a) 股價穩定未變的 □

(b) 跌得較少的 □

(c) 跌得較多的 □

(d) 暴跌的 □

37 世界上最大的電腦生產商IBM狀告Control Data公司壟斷經營，這對誰有利？

(a) IBM □

(b) Control Data □

(c) 兩者都不 □

38 在北海油田獲暴利的公司中，我看好：

(a) 大的國際石油集團 □

(b) 只在北海活動的公司 □

分析

1 股票族必須適應隨時改變的情勢，推論並下決定，就像打牌的人要根據拿到的牌來遊戲。股市情況對股票族可能有利或不利，就像分得的牌好壞不一一樣，一個好的股票族就像好的打牌人一樣，會巧妙地擺脫逆境：牌好時贏得多，牌差時輸得少。

(a) 國際象棋（西洋棋） 0分

(b) **斯卡特（德國3人玩的牌戲） 3分**

(c) 足球彩票 1分

(d) 賭輪盤 0分

(e) 跑馬賽　2分

2 對所有證券有關鍵性影響的是股市的發展趨勢。最好的股票在整個股市下跌的時候也漲不起來（或上漲困難）。相反，整個行情看漲時，差的股票也會上漲，有時甚至比好股票漲得更多。

(a) 對股票的分析　1分

(b) **對市場的分析　3分**

3 用多少錢買來一支股票是過去的事，無法幫助你判斷未來的發展趨勢。

(a) 買入價　0分

(b) **當天牌價　3分**

4 如果在錯誤的時機買賣，即便買賣對的股票你也會輸錢；如果在適當的時機買賣，那麼就算買賣錯的股票你也會賺錢。

(a) 選擇種類　1分

(b) **時機　3分**

5短期來看，經濟狀況對股票價格根本起不了任何作用，對利息和產業成長率的影響，也僅限於當部分投機者從中得出未來結論的時候。當買方的壓力比賣方大時，行情就上漲；反之亦然。

市場的心理和技術狀況最直接、無障礙地影響買進和賣出。

(a)一般的經濟成長率　0分

(b)產業的經濟成長率　1分

(c)利息　1分

(d)心理因素　3分

(e)市場的技術狀況　3分

6利息。也就是說資本市場的流動資金，決定了供需兩方哪個應該更強，利息對債券市場有直接的影響：當債券的紅利小時，會有更多的資金流入股市。但這個利息的作用只有在一段時間後才在股市上被發現。

(a)一般的經濟成長率　0分

(b)產業的經濟成長率　1分

(c)利息　3分

(d)心理　2分

(e)市場的技術狀況　2分

7從長遠來看，心理因素在股市上是無關緊要的。誰願意今天就預見到後天的恐懼、希望和偏見？一般的經濟成長率，特別是產業的經濟成長率，決定著一支股票的素質和未來的獲利。誰能預見各別產業許多年後的發展，誰就能從中得到愈多好處。

(a)一般的經濟成長率　2分

(b)**產業的經濟成長率　3分**

(c)利息　1分

(d)心理因素　0分

(e)市場的技術狀況　1分

8人們決定是否應該出售某種有價證券與（過去的）買進價根本沒有關係，而是取決於未來的發展，人們必須作出完全客觀的判斷。

(a)獲小利也賣　0分

(b)當獲大利時才賣　0分

(c)**不計得失　3分**

9 個別股票的漲落並不代表未來，買進股票需要有其他的原因。

(a) 漲價時　0分

(b) 跌價時　0分

(c) **其他原因　3分**

10 你的判斷必須是客觀的，與過去的買賣沒有關係。

(a) **是　3分**

(b) 否　0分

11 瀕臨破產公司的股票價格，所反映出的不佳狀態便是非常低的股價。如果最終沒有破產，股價會飛快上漲。「瀕臨破產」與「復甦」之間的區別，比「瀕臨破產」與「破產」之間的區別要大得多，狀態不好的債券與此是同樣道理。

(a) **是　3分**

(b) 否　0分

12 當行情下跌且成交額小時，買入的股票更保險，因為這些買主比只在行情上升時買股票的人，一定擁有更強的資本實力。相反的，當行情上升成交額變小時，您可以得出結論，股票會從資本實力強的手中轉交到資本實力弱的手中，這會對市場不利。

(a) **有利**　3 **分**
(b) 不利　0 分

13 趕緊拋出所有存貨，股市行情不漲是有道理的。

(a) 買進　0 分
(b) **賣出**　3 **分**

14 如果購買股票是為了長期資本投資，無論今天或明天，跌價或漲價是無所謂的。

(a) 節奏　0 分
(b) **計畫**　3 **分**

15 長期——這是股票族用幾十年經驗證明的，請等待。

(a) **對長期趨勢**　2 **分**
(b) 對短期趨勢　0 分
(c) 兩者都不是　0 分

16 像股票族一樣，醫生需要首先必須診斷，再由這個診斷產生進一步的思考。醫生和股票族在作出最後決定之前要先觀察事態，如果事後發現自己的決定朝著錯誤的方向發展，必須立刻改正。工程師或企業管理者的思維過程正好相反，是純數學的，他們絕對不允許跟著感覺走。

(a) 工程師　0分

(b) 商人　1分

(c) 律師　2分

(d) 企業管理者　0分

(e) 醫生　3分

(f) 政治家　1分

17 直覺其實是下意識的邏輯加想像力。全靠想像力行事會太危險，靈活性也同樣重要，股票族出錯的時候必須立即修正。只有一直吃同一堆草的牛才最執著。

(a) 敏感　2分

(b) 直覺　3分

(c) 靈活性　3分

(d) 清醒　1分

(e) 想像力　2分
(f) 攻擊性　0分

18 正如靈活性是最好的性格，固執和猶豫不決是最壞的，會給股票族帶來很大的損失。

(a) **固執　3分**
(b) **猶豫不決　3分**
(c) 膽子過大　0分
(d) 不耐心　2分
(e) 吹毛求疵　0分
(f) 跟著感覺走　2分

19 錯誤的資訊並不會比對正確資訊的錯誤評判更危險。得到錯誤資訊的股票族在思考時會很慎重。對正確資訊的錯誤評判是一種錯誤思考的結果，而且是決定性的思考，但對錯誤資訊的錯誤評判倒會引致一個好的結果。

(a) 客觀地接受資訊　1分
(b) 錯誤的資訊　2分

(c) 對錯誤資訊的錯誤評判　0分

(d) 對正確資訊的錯誤評判　3分

20 投機者在客觀判斷後決定買或賣，他相信自己的股票會出於某種原因漲或跌。反之，業餘者賣出股票是因為想獲利，不考慮這支股票是否還有機會上漲，他看到的只是獲利或損失。

(a) 在於有價證券的質量　0分

(b) 節省時間　0分

(c) 在於相對的數目　0分

(d) 在於思考的方法　3分

21 政府提高稅收時，能在貨幣市場上更自由地交易。低利息造成多流通，對股市有利。

(a) 會　3分

(b) 不會　0分

22 會；七〇年代末的股市發展就是一個例子。儘管失業率上升，股市還是修正過來了。也許正是出於這個原因，當時政府雖然貢獻不多，但還是加了點油。

(a) **會　3分**

(b) 不會　0分

23 小心——這個金融集團要拋出某種股票。

(a) 買進　0分

(b) 審查　1分

(c) 賣出　1分

(d) **不買　3分**

24 這些經理人投入數額這麼大的生意，會嚴重影響行情，但只在短期內有效。

(a) **大　2分**

(b) 小　0分

(c) 無意義　0分

25 內線人士雖然瞭解他們的公司，但資本市場的發展與其無關。他們又絕少誠實，所以憑經驗也知道要對知情人士的建議採取反向的操作。

(a) 很值得重視　0分
(b) 不怎麼重視　0分
(c) **根本不值得重視　3分**

26 成就並不是衡量專家智慧和專業知識的尺度，他能夠很精準地判斷股市的發展趨勢和某種股票的機會。但為自己，他未能得利，通常是因為猶豫不決、前怕狼後怕虎、緊張或沒耐心，而且不夠堅信自己的觀點。

(a) **很重要　2分**
(b) 不怎麼重要　0分
(c) 根本不重要　0分

27 利息和稅收政策是政府的事，政治潮流（左或右）影響投資者的心理和企業的未來。

(a) 小　0分
(b) **大　3分**
(c) 毫無影響　0分

28經驗告訴我們：閃電般的決定經常是最好的。

(a) **立即行動　3分**

(b) 再考慮一遍　0分

29國際時事（緊張或緩和）直接影響公眾的心理，國際發展影響整個行業、國家收支平衡、貿易合約等。

(a) 小　0分

(b) **大　3分**

(c) 毫無影響　0分

30輸掉了就是輸掉了。新的生意能夠帶來新的獲利，但與過去沒有關係。

(a) **根本不會　3分**

(b) 有時有可能　0分

31最幸運的人也不可能總在最高價時賣出，在最低價時買進。

(a) 消息最靈通的人　0分

(b) 有經驗的老專家　0分

(c) **騙子　3分**

32 你當然必須掌握資訊，但是每天關注股市行情表的曲線會有害思考，這個行情表會讓冷血的投機者陷入緊張。

(a) 每天　1分

(b) **每週　3分**

(c) 每月　2分

33 所謂投機價值高的股票，對於投入很少的富有投資人來說，只相當於風險投資。反之，小投資者為了買一種絕對保險的股票而大舉借貸時，這卻是要命的投資。

(a) 有價證券的質量　2分

(b) 時間長度　0分

(c) **相對數目　3分**

(d) 思考的方式　0分

34 如果說人們無法預見即將發生的事情，那麼至少應該對過去有正確的瞭解，這可以豐富經驗，並使未來的思考更輕鬆。

(a) **是　3分**
(b) 有一點兒　0分
(c) 不　0分

35 只要您還在股市上交易，那麼贏來的錢就只是借來的錢。股市是一個殘忍的高利貸剝削者，你經常必須把借來的錢加上高利息還回去。一個投機者永遠不許結帳。

(a) 在每筆交易後　0分
(b) 每月　0分
(c) 每年　0分
(d) **永遠不　3分**

36 股價能穩定不變，肯定有我們不知道的原因。暴跌而瀕臨零價值的證券，你也可以購買。

(a) **股價穩定不變的　3分**
(b) 跌得較少的　0分
(c) 跌得較多的　0分

(d) 暴跌的　2分

37 大的壟斷公司控告一家小得多的公司，是對小公司的讚賞，對方肯定非常優秀。

(a) IBM　0分

(b) Control Data　**1分**

(c) 兩者都不　0分

38 對大公司來說，開採北海油田的意義很小。

(a) 大的國際石油集團　0分

(b) **那些只在北海活動的公司　1分**

科斯托蘭尼的評論

高於八五分：專家作手

你已經在股市上經驗豐富，並瞭解股市的所有詭計和陷阱。不只如此：你對成敗也有細緻的分析，並得出正確結論。股市行情不按經濟發展變化時，您不會感到驚訝。

六五分～八五分：有前途的好手

你能夠正確判斷事態和趨勢，但缺乏經驗。你也許已獲致很大成就，但尚未經歷足夠的失敗，才能在驚慌中不失去理智。在成爲專家之前，還必須通過幾場考驗，體驗失敗的痛苦。

二六分～六〇分：有潛力的新手

你對事態的觀點還太過持平，在失望之餘仍不知道自己是被哪一條欄杆絆倒的。股市新手還無法理解，雖然邏輯總是最終取勝，但股市有自己的邏輯，所以當事態不像你所想像的那樣時，不要指責交易所的投機商，而是要從中學習，也許不久勝利就會向你招手。

二五分或低於～二五分：外行生手

你對股市的動態是完全錯誤的想像，思考太實際、太數學、太直接，太少讓自己跟著想像力走。金融投機其實不是科學，而是一種藝術，如果你缺乏股市藝術的天分，那麼一些簡單的投資，例如債券或存摺會更適合你。

第二篇

金錢的迷藏

誰不希望蒙眼數到一百，
一轉身就發現自己變成百億富翁。
在現實生活中，金錢隱沒在許多面向的背後，
政治、經濟、社會，任何足以影響國家信心的善惡舉動，
都足以牽連金錢價值。
金錢的背後藏著巨人的力量。

7 貨幣萬花筒

當管理失敗時，
黃金保護不過是一個容易消失的幻想。

「每種貨幣只會死在自己的床上。」這是我回想起大學時代僅有的一句哲言，其他的我早就忘了。

當然每一種貨幣也可以在自己的床上痊癒。這也就是說：每個國家都有其應得的貨幣。這個觀點與「貨幣的質量取決於黃金準備量」的論據正好相反，但那不過是一心想回到支持金本位制的的基本想法。關於這個題目我可以發表數百頁的哲言，但是支持回到金本位制的人卻幼稚地以爲，不須爲此再有任何分析。我強調「金本位制」作爲貨幣體制，並不是說人們應該爲投機或投資購買黃金。

如果黃金不是貨幣最安全的保障，那麼什麼才是?我試著言簡意賅地闡述我的觀點。決定每種貨幣的質量關鍵因素是國家財政和經濟的管理，而這兩者都取決於國民的道德水準。

我總結了一下每種貨幣所代表的道德、特質和財富。

美元　美國政治相對穩定，尊重私有財產，高度發達的技術、原物料充裕，經營者充滿活力。

德國馬克　政治穩定（至少到目前為止），勤勞、節儉和民眾的嚴謹紀律。

英鎊　舊世界帝國財富的遺緒，世界貿易、國際銀行和保險業的中心，航海技術外加北海石油。

瑞士法郎　百年的中立國，雖然並不絕對，但有受法律保護的銀行秘密。

法國法郎　數十年積蓄的國際投資，法國式的生活方式和品味，法國人的機智——雖然他們沒有石油，但是有想法。

日本日圓　現代化工業，高素質的勞動力及儉樸的習性。

義大利里拉　教堂、博物館和廣場，羅馬、威尼斯和佛羅倫斯。

荷蘭盾　殖民帝國的遺緒，大型商船，節儉刻苦和一點天然氣。

挪威克郎　北海石油和運油船。

奧地利先令　維也納的調皮玩笑，帝國時代結束後，許多思鄉的美國人的支出。

匈牙利福林　匈牙利人的狡猾。

以色列鎊　散住在外的猶太教徒的捐贈（最大的納稅人在國外）。

簡言之，這是所有決定貨幣地位的重要因素。擁有道德，貨幣將更值錢；喪失道德，貨幣也失去意義。**長遠來看，不是金本位制支撐著貨幣，而是黃金會離開失去道德的國家。**德國馬克不靠半兩黃金來製造，卻成了世界最強勢的貨幣。

當然命運也有很大的影響力：例如發掘出石油或軍事戰略要地、公衆歇斯底里、受投機者挑動、幕後操縱和新聞宣傳等。這些雖然對匯價能發揮很大的影響力，但都爲時不長。

該是說實話的時候了：當管理失敗時，黃金保護不過是一個容易消失的幻想。

8 總理閣下的烏龍投機

總理閣下放空法郎，財政部長單方否決貶值計畫；
總理閣下作多披索，披索卻閃電貶值。
總理投機本國貨幣，卻捅了個大婁子。

即便是政府首腦的天鵝絨賭檯也會出現許多漏洞，使得原本勝券在握的籌碼無疾而終。一位法國首腦就經歷了這樣的狀況。

也許沒有比這更好的例子可以說明，在投機生意中，特別是在外匯交易中，即使最新的內線消息也無濟於事，甚至可能是危險的。這個例子是法國的一位部長，後來的總統候選人，拉涅爾（J. Laniel）的故事。我現在敢講這個故事，是因爲故事距今已近四十年。

到今天爲止，沒有人了解這件事的細節，我則是因爲幾次的巧合，有機會把不同來源的小道消息拼湊起來。

我有一個好朋友，他出生法國，後來卻成了墨西哥的成功商人。他促成法國企業家和墨西哥政府間的許多大生意，與拉涅爾家族的許多公司有某種合作關係。一九五二年復活節前的一天，我在夏納的卡爾頓飯店大廳遇見他。他坐到我身邊來，提出一個奇怪的問題。

「安德烈，您怎麼看法國法郎？你不覺得法郎會貶值嗎？」

我詫異地反問：「爲什麼？什麼理由？」

「會的，」他回答說：「有很多原因，但現在講給你聽太麻煩了。但我相信法郎會貶值的。」

「我眞的不明白爲什麼。」我堅持己見。

但他很堅定，並聲稱法國法郎會在秋天到來之前貶值。很久以後我才明白，他爲什麼這麼自信。由於他和拉涅爾集團聯繫密切，或許也有興趣參與該集團的股票交易，所以消息特別靈通。

長話短說。幾天後，在復活節的晚上，在賭場裡他向我走來，用沮喪的口吻說：「我剛剛得知，墨西哥政府把披索的價值降低了三五%。」這個轉變給了他沉重打擊，嚇得他魂不附體，我要到後來才發現原因。

在這期間，拉涅爾議員是政府的領導人。法國經濟一片愁雲慘霧，這是政治不穩定的結果。

五〇年代初，拉涅爾議員掌了權。他和前任的掌權者不一樣。拉涅爾出生於法國工業和貿易的最大家族之一，擁有一系列成效卓著、營運穩定的企業。也許是出於國家的原因，也許是為了把自己的生意做得更圓滿，他希望法郎貶值並私下運作。

政府首腦希望貶值的原因，是他作了法郎的投機生意。他所有的公司都參與這一令人叫絕的連環計：公司向墨西哥賣出大量貨物，墨西哥包括國家在內的進口商用披索付帳，當時披索是比較強勢的貨幣。拉涅爾的公司把這筆收入存進法國銀行。這筆披索存款實際上是相當於欠銀行的法郎。所以總理閣下及其家族希望法郎貶值是可以理解的，尤其是這筆生意金額龐大。法郎赤字對墨西哥披索存款，就是等待法郎跌價的外匯放空投機。

一切進展順利，直到有個障礙出現，導致美夢破滅。由於財務專家、財政部長法爾（Edgar Faure）的單方否決，貶值計畫戛然喊停。許多年之後他對我解釋：「我根本沒看到有貶值的必要。」他當然對墨西哥披索一無所知，只知道拉涅爾一直極力倡導貶值。

後來發生的事就更可悲。墨西哥政府在沒有任何通知和預警的情況下，於一九五二年復活節前的星期六，閃電宣布披索貶值三五％。對總理及其家族來說，披索存款減少了三五％，而法郎的欠債卻依然如故。要堵的漏洞太大，以致家族可觀的積蓄猶如丟進了無底的黑洞。政府首腦策畫家族做自己國家貨幣的投機生意，原本應該是萬無一失的事啊！

我因此問自己，如果我及時知道拉涅爾在作法郎貶值的投機，我會不會禁不住誘惑？雖然我堅認所有的內線建議都是錯誤的，但這次的建議可非一般！

再複述一遍：**政治和股市經常攜手相連。掌握政治秘密的人試圖利用這些秘密實在不足為奇。為了賺錢，什麼方法都是可行的，但武裝衝突例外。**

9 馬恩河奇蹟

整個維也納和半個歐洲，都被掛在卡斯提裘尼拋售法郎的拖繩上，就在風暴來臨之前，市場一百八十度急轉彎，法郎得救了！

通貨膨脹下的幸運兒曾有上百個——儘管他們的成功只是曇花一現，有幾位我還親自接觸過。其中最成功的一位，是來自斯圖加特的德國青年，他便是後來的曼海姆（Fritz Mannheimer）博士。他曾是阿姆斯特丹市場上最聰明的外匯商。

作爲一名普通斯圖加特商人的兒子，曼海姆博士在一九一四年以前，就在巴黎一家出口俄羅斯的貿易公司裡學習銀行業務。戰爭爆發後他回到德國，與國家銀行建立了聯繫。戰爭剛剛結束，國家銀行就把他派到當時中立國最重要的金融市場阿姆斯特丹，希望他擔任國際銀行業務的專家，在外匯市場上爲國家銀行工作。

當時工作合約中要求，曼海姆必須以技巧性的外匯交易保衛德國馬克的價值。

他努力工作，成爲阿姆斯特丹最成功的外匯商。雖然德國馬克當時幾乎已跌到一文不值，他還是爲自己積累了財富。當然，德國馬克貶值不能歸罪曼海姆一人，原因有很多——但是他從中牟了利也是事實。我聽到一些有關他的傳說，最多是從阿姆斯特丹道倫飯店高雅的警衛長（他居然考究地像普魯士軍官一樣戴著放大鏡）那裡聽來的。

幾年之後，曼海姆用賺來的錢成立了柏林孟德爾森（哲學家和詩人拉辛的愛好者，默索斯．孟德爾森的後代）銀行集團（Bankhauses Mendelsson & Co.）的荷蘭分公司，同時還兼任法國和比利時政府的銀行顧問。

作爲當時金融重鎮阿姆斯特丹的地下國王，他尤其給我這等新手留下了深刻印象。當時我還無法預見他的悲慘結局：他是在二次大戰爆發之前的幾個星期去世的，兩天後他的銀行便宣布破產，那是當時最大的破產案。原因是一筆很有意思卻與德國馬克無關的交易，同時也是外匯史上最特別的一筆交易使然。在奧地利，通貨膨脹最有名的受益者，是一個叫卡斯提裘尼（Camillo Castiglioni）的人。他是猶太拉比的兒子，很多我這一輩的維也納人都還記得他。在一九一四年以前，他是新得利輪胎廠（Semperit-Reifenfabrik）的銷售代表和商務主管。戰後他率先預見貨幣貶值的可能性，而且充分利用。卡斯提裘尼用貸款在奧地利買貨，不管什麼價格，不論哪類商品，一段時間後再用不值錢的貨幣還債。

一時之間他成了維也納家喻戶曉的傳奇人物。我還清楚地記得，那是一九二二年，我們經常在維也納的塞莫林享受夏季的清新。那時每當他出現在南站酒店的大堂或餐廳裡，人們都把頭湊到一起，充滿敬畏地低聲說：「他就是卡斯提裘尼！」他像貴族一樣，生活在美麗的普林茲·歐伊建大道（Prinz-Eugen-Strasse）上的城市花園。此外卡斯提裘尼也是藝術資助者，收集了很多畫作，並資助薩爾斯堡藝術節。當萊因哈德（Max Reinhardt）重新開放老約瑟夫斯達特劇場（至今還是最典雅的德語劇場之一）走上舞臺致開幕詞時，不僅向觀衆鞠躬，還特意向卡斯提裘尼的包廂深深致意，就像人們在過去對待執政的貴族一樣。

雖然卡斯提裘尼很有成就，但是他的事業像多數投機者一樣，以不幸的悲劇交易結束。這次交易也連累很多「投機助手」和外匯商陷入困境。導致他徹底失敗的原因是，他和曼海姆攜手進行的法國法郎賣空投機。

這場失敗的法郎之戰成爲外匯投機史上特別有趣的一篇，人們在法國把它稱作「馬恩河之戰」或「馬恩河奇蹟」（眞正的「馬恩河之戰」發生在一九一四年一次世界大戰初期。當時部隊參謀部調動了巴黎所有的計程車，把士兵運往馬恩河前線，這場戰役的成功，對戰爭的進展具有決定性影響。）

卡斯提裘尼的雇員內爾肯博士，在許多年前向我講述了這次交易計畫的始末。一九二四年二月，曼海姆應卡斯提裘尼之邀在維也納作客，用餐時卡斯提裘尼對曼海姆說：「咱們做一筆法國法郎的生意吧，這次絕對穩操勝算。德國馬克和克郎所經歷的，一定會在法國重演。法國雖然勝利了，但在戰爭中耗費太多精力，血已流乾了。國家雖然有黃金，但經濟癱瘓，法郎肯定挺不住，咱們一起放空一億法郎！我還能再借到一億法郎，並把還款期展延個幾年！」

曼海姆起初雖然還有些顧慮，但還是禁不起遊說，最後擊掌同意了。很多來自阿姆斯特丹、瑞士、維也納和其他金融中心的銀行家和投機商，也加入卡斯提裘尼、曼海姆的搭檔，於是形成了一個「辛迪加」（Syndikat：壟斷集團），他們合力促使法國法郎跌價並從中投機。

在巴塞爾、阿姆斯特丹、日內瓦、馬德里、紐約和倫敦，人們以三個月或六個月爲交貨期，瘋狂拋售上百萬的法郎，在巴黎市場上以期貨方式用法郎購買美元、英鎊和外國股票（金礦、國際石油等）。

同時人們透過世界媒體散播有關法國金融的警報消息。這樣，法國人民出於恐懼，也紛紛用自己的積蓄購買外國有價證券，進一步促發法國的資本出口，再一次壓低了法郎匯價。

所有這一切都產生了連鎖效應：法郎貶值、悲觀情緒漫延，而漫延後的悲觀情緒，又促使人們繼續拋售法郎。在巴塞爾，幾個月之內法郎對瑞士分尼的匯價就從一：三〇降到一：二〇。

有關法郎的警報消息傳播得很快，特別是在維也納，人們可以觀察到：維也納無論是大銀行還是「小玩家」，都直接或間接被吸引加入了這場法郎遊戲中。（在過去的幾年裡，今天也一樣，在芝加哥、法蘭克福或蘇黎世，都上演著幾乎相同的美元遊戲。）

整個維也納市民都被掛在深受敬仰的卡斯提裘尼的拖繩上。商人、企業家和每一個對投機略感興趣的人，都拚命想擠入這支隊伍。當時也沒有什麼其他遊戲可玩，維也納的股市幾個月來一直萎靡不振；對那些「遊戲者」來說，只有放空法郎算得上是個好主意，沒有人願意錯失良機。那是純粹的投機狂熱症，連法蘭克福、布拉格和布達佩斯都成了疫區。經濟危機來，經濟危機去，對這場勝券在握的遊戲，每個人的存錢罐子裡還都有幾個蹦子可以搏一把。在這些城市裡，人人眼中都看到了自己的錢提前貶值了。

這場遊戲的玩法繁複，但主要還是以期貨方式拋售法郎。在維也納匯市上甚至發展成定期的法郎外匯期貨交易——儘管這是違法的。他們也用貸款購買法國商品，什麼都買：大量的葡萄酒和香檳，足夠喝上好幾年；頂尖豪華的轎車，還不知道客戶在哪裡……我的一個朋友甚至買下了一家陶瓷廠。買什麼無所謂，重要的是大家可以借來的錢換成商品。

巴黎期貨交易市場上的投機規模龐大。生橡膠、油菜、麥子，尤其糖最受歡迎，只須交一點保證金，就可以期貨購買上百萬公擔（一公擔相當於一〇〇公斤）的糖。當時人們十分肯定，法郎的貶值會導致全面性的通貨膨脹。（連我爸爸也被一筆小小的糖生意引誘……）

其實這不算商品交易，而是純粹的外匯投機。債息雖然居高不下且節節上升，但法國人不在乎，他們看到的是豐厚的利潤。

法國銀行以及政客、專家，驚恐地關注著這場拿國家貨幣當籌碼的大賭局。在巴黎，美元不斷飆漲，從戰前的一美元對五法郎，漲到對一五或二〇法郎。一九二四年三月，美元居然瘋狂地漲到了對二八法郎。法國政府終於決定，授權拉扎德投資銀行（Lazard Fréres：至今還是巴黎最大的私人銀行）干預外匯市場支援法郎。該銀行接受了委託合約，在所有市場上承接法郎。

後來紐約J.P.摩根集團銀行（J. P. Morgan & Co.）提供該銀行一億美元貸款。美國銀行資助法國政府干預法郎的消息傳出後，彩球爆裂了，法國投機客立即陷入混亂。拉扎德投資銀行在此之前還接到紐約分行的電報：「法郎賣不出去！」之後的半個小時內，市場一百八十度大逆轉，全世界突然只想買進法郎。從巴塞爾、阿姆斯特丹、日內瓦、維也納等城市，飛來上百萬的買進訂單，銀行接訂單接到手軟，無力應付這場反向的風暴。至一九二四年三月八日，巴黎的美元匯價幾天之內就從二八法郎跌回一五法郎。法國貨幣得救了。這就是著名的「馬恩河奇蹟」，法國在金融市場大戰中的一場了不起的勝利。

對於其他人來說，這是所謂的「法郎破產」，儘管破產的不是法郎而是他們自己。整個維也納和布拉格都破產了，甚至狀況略佳的阿姆斯特丹銀行家，也承受了巨大的損失。有人陷入十分艱難的處境，因爲所有的法郎債務，不論是外匯交易還是葡萄酒、上等貨、豪華轎車或陶瓷廠，現在都必須以雙倍的代價償還。很多的進口商、銀行家和經紀人，都必須暫時放棄結算，因爲他們也有上千的客戶失去了積蓄，無力償付投機差價。（我父親也由於糖生意賠了點錢；不過這也有好的一面，多虧他與一家巴黎經紀公司聯繫，我被送往巴黎「實習」，所以今天我能在此引用拉辛的話：「我在塞拉爾長大，我熟知所有的詭計。」）

最大的失敗者當然是卡斯提袞尼。這場失敗是他的事業走向谷底的開端，他的威望已成過去，很快地淡出維也納人的議論話題。二次大戰之後他在義大利出現，但已失去舞臺。

10 奇蹟再現

個人無力藉由一場外匯市場的豪賭破壞一種貨幣。
投資者的不信任可以導致最多的悲劇，
這種不信任當然是經濟和政治事件的結果。

法國法郎的悲劇還在繼續，只不過這回想扼殺法國貨幣的，不是好鬥的投機者或兇惡的股票族，反而是政客；或更準確說，是不加思考的黨派之爭要對法郎再度貶值負責。卡斯提裘尼的交易雖然是一場名家之賭，但從根本上來看，**貨幣只會在自己的床上死去或康復。**

個人無力藉由一場外匯市場的豪賭破壞一種貨幣。投資者的不信任可以導致最多的悲劇，這種不信任當然是經濟和政治事件的結果。一九二四年五月在法國議會選舉之後，所謂的左派勢力掌權，迫使總統米勒蘭（Alexandre Millerand）辭職，在新議員的眼中，他是右派的偏激分子。沒有任何政治家具備充足的實力長期保持多數選票，於是接下來的是一段政治動盪的時期：財政部長剛上任，旋即又下臺。那時我也認識到：**世上沒有好財政部長，只有差的和更差的財政部長。**

不管政府向議會提出什麼整頓國家財政的建議，都會受到部分議員否決（法國當時不像今天的美國擁有一定的空間，可以在一夜之間通過引進營業稅來平衡財政赤字）。危機接踵而至，國家支出增加，通貨膨脹升溫，每個老闆的辦公桌上都標記有秘書記錄下來的美元匯價。剛才說過，一個部長換下另一個部長，但有趣的是遊戲中總是出現同樣的名字，只有一個小小的區別：誰今天是財政部長，就會是明天的政治部長；而誰是今天的政治部長，明天就會是經貿部長，而法郎一跌再跌。

一九二六年七月，當美元匯價以歷史性的最高價五〇法郎達到戰前價格的十倍時，法國陷入一片混亂，特別是在巴黎。巴黎市民一如往常地在這種緊要關頭採取行動，我記得親眼目睹議會大廈前香榭麗舍大道上的遊行。巴黎民眾憤怒了：人們向旅遊車扔擲石頭並高喊：「外國人來了，吃了我們的麵包！」放映美國影片的電影院滿地是玻璃碎片，法國所有危機的禍根首先指向外國人，然後才是政客的責任。

在不同的政府垮臺之後，赫里歐（Herriot）又出任總理。他的財政部長是德莫茲（Anatole de Monzie），他是個非常優秀的人，許多年之後甚至成了我的顧問律師。德莫茲很幽默，在議會發言中他是這樣開始的：「先生們，金庫空了！」這也是他最後一次發言，至少是作爲政府財政部長的最後一次發言，因爲該政府沒能在那天晚上生存下去……。

動蕩持續並激起狂潮。這時又發生了一個奇蹟——兩年後的第二次「馬恩河奇蹟」。這個奇蹟起源於一九二六年七月二十三號，來自愛麗舍宮（Élysée-Palast）的一則消息：普安卡雷（Raymond Poincaré）將重組政府，並出任財政部長。

一九二四年三月的大逆轉再度重演：一夜之間外匯市場調了頭，法郎在後來的三十天裡上漲五〇%。十二月底，也就是事發的五個月內，法郎一共上漲一〇〇%；也就是說，美元匯價從開始的五〇法郎，跌到十二月底的二五法郎（如今這一代外匯商肯定無法想像兩年內的匯價變化。直到八〇年代，他們經歷了美元從一．七馬克升到了三．四馬克。從那以後，雖然又悲慘地跌入谷底，但請注意，法郎的遊戲重複了兩遍。

到底發生了什麼事？財政狀況不可能一夜之間改善，實際上也沒有改善，只因爲一個新人出現了。其實他也不能算新人：普安卡雷在戰爭時期就曾經任國家總統，是一位非凡的愛國者，仇德，這在當時與愛國主義一致，是完美的象徵。他絕對不是天才，正好相反，據同輩人的評論，他是一個目光狹隘、枯燥的法學學者，對經濟和財政一無所知。但是當時人們只要求一個名字就夠了，不在乎他是

「誰」，而在於他是「什麼」——一個掛出的牌子。

於是上千的法郎債務人又破產了。出於貿易和投機的原因，我當時已在巴黎的證券商任職。作爲初學者，親身經歷了這段混亂的時期和匯價的雙向巨大波動。外國的有價證券和外匯不能賣，法國的證券和股票卻沒有掛牌上市，市面上根本沒有貨源。像往常一樣，所有的遊戲者都同聲一氣，買進法國證券、賣出外國證券，這回最大的輸家是銀行裡所有作法郎投機的外匯商。這一切都在最短的時間內發生，多虧一則從愛麗舍宮傳出的消息：有個新人將接管政府。

在這場新的「馬恩河戰役」後，法郎直線上升。股市上甚至有人傳說，曼海姆博士這次做了一筆大的法郎作多投機。我認爲這很有可能，那的確是很有彈性的投機：昨天還烏雲密布，今天已豔陽高照！在後來的時間裡，法國銀行和普安卡雷政府產生了分歧。普安卡雷欣慰萬分地看著火箭般直線上升的法郎，美元匯價此時已到二〇法郎。在這個問題上他的立場一點也不實際，純是感情用事的觀點：「法郎就是法郎。」他從法郎的匯價裡看到的是法國的威望。

按照他的願望，法郎應該達到一九一四年的水平，五法郎兌換一美元，這既是三色旗的榮譽，也是退休人的利益。但法國銀行在經濟巨頭和經濟專家的支援下，持另外的觀點，他們希望減低甚至阻止法郎的上漲速度，這是出於經濟的原因和爲未來著想。

在激烈的爭論之後，法郎在一九二八年得以穩定並與黃金掛勾，得到了一個全新的名字「普安卡雷法郎」，與美元的匯價是二五：一。

11 打德國牌

歷史上很少有像戰後這樣的機會，可以透過投機創造財富，那時人們需要的只是勇氣。

二次世界大戰結束後幾年，我有一個堅定的信念：德國經濟重建會有豐碩成果。我是在敵視德意志的氣氛中長大。當我還是孩子時，匈牙利曾有一位女州長，所有的鄰居和傭人都恨她，因爲她是德國人。「匈牙利不要相信德國人」，是當時匈牙利民歌中的歌詞。隨後在布達佩斯和巴黎上大學時，也沒有更好的經歷，再加上後來可怕的希特勒，我當時幾乎無法治癒這種恐德症。

但所有這些都在戰後奇蹟般地改變了。在自我分析中我清楚地認識到：這種質變是間接受到阿登那（Adenauers）的影響，尤其是他奮鬥不懈最終得以實現一切的影響。**歷史上很少有像戰後時期這樣的機會，透過投機創造財富：人們只需要有勇**

氣打德國牌。我知道在許多規規矩矩的商人耳朵裡，諸如「投機」或「賭博」這樣的說法十分刺耳。儘管如此，**我也並不害怕向德國讀者承認，我在德國的經濟和國際聲譽上押注，判斷正確並從中獲利。**

把德國的經濟重建與金融投機掛勾有許多可能性：購買外匯形式的德國貸款或工業股票，但最保險也是最簡單的方法，是用德國自己的貨幣投機，也就是說「凍結馬克」。

一九四八年貨幣改革之後，銀行所有馬克形式的外國儲蓄都被凍結了。一項非常嚴格的規定，限制動用這筆凍結馬克：外國儲戶只能用這筆錢投資德國的有價證券和房地產或新成立公司。這裡所涉及的馬克數目相當龐大，再加上現有資本的利息，戰爭期間積累的息票，以及戰後德國賠償損失的新資金。

當凍結馬克不能從一個帳戶轉到另一個帳戶時，就受到了更多的限制。但投機者並沒有減少從國外大銀行購買凍結馬克。這種購買的先決條件是：凍結馬克不會轉到買主在德國銀行的帳戶，而是暫時留在外國大銀行的人頭帳戶上。

這種形式的交易是很有限的，一直要到聯邦銀行允許解除凍結馬克，國外才開始了大筆的凍結馬克交易，價格是一二．五美分兌換一馬克，儘管官方當時的匯價是二二五美分左右。

在美國和瑞士以這一匯價成交了大筆交易，人們能夠以此購買德國的有價證券、房地產和其他的長期投資，爲具有足夠想像力和勇氣的投機者，提供了很大的活動範圍。我和朋友同時以一二・五美分的價格買進了一大筆凍結馬克。但由於有大批的投機者跟進，價格慢慢漲到了一四美分，甚至一五美分，事情看來有了一個好的開端。

德國的經濟一天天復甦，都會興起，工廠現代化，同時外國投資也跟隨著成長。大財團紛紛設立分公司，各行各業的國外公司在德國開設分支機構。

在一場緩慢的升值運動之後，凍結馬克一夜之間產生了一次躍升，從一五美分直接升到了一八美分，這對於任何貨幣都是驚人的上漲力道，幾天內就上升二○%。但是即便在這個匯價下投機凍結馬克還非常有意思，因爲在凍結馬克和自由馬克之間依然存在著差價。

在這次突然的升值幾天之後，我的朋友打來電話，他向來是我股市冒險的忠實夥伴。

「你怎麼看待對聯邦銀行關於凍結馬克的聲明？」他的聲音流露出極大的不安。

「什麼聲明？」

「所有報紙都登了。德意志銀行的兩位高級官員聲明，凍結馬克的升值缺乏任何依據，根本不符合現實。他們說，雖然在未來的幾個月裡將賦予凍結馬克極大的自由，但不可能價格上有如此大的波動。」

「眞是這太好了，相信我。」我回答道。

「爲什麼？」

「相信我，我比聯邦銀行的高級官員更清楚，這項消息太棒了。我能感覺到你很驚訝，認爲我自以爲是。我再重複一次：我比他們更清楚，你也比他們更清楚，任何好的投機者都比聯邦銀行更清楚。他們發表放寬或限制凍結馬克的聲明，因爲這是他們的工作。但是他們不應該評論匯價，因爲這是我們的領域，投機者的領域。投機者的判斷不可能和官員一樣，不管他們的職位有多高。恰恰由於他們的聲明，讓我對凍結馬克更樂觀了。」

我的朋友根本沒有試著和我爭論。我必須承認，跟一個像我這樣固執己見的人爭論，對他來說也會很困難。

八個月之後，凍結馬克的匯價達到了二五美分，與自由馬克匯價相同。當所有資本都自由時，凍結馬克已經不存在。這之前甚至更好：一段時間裡凍結馬克比自由馬克的價格還高三%到五%。

這個匯差很容易解釋：有很長一段時間，德國的利息比國際資本市場的利息高。聯邦銀行想以此限制德國的投資爆炸和貸款需求（像美國聯邦準備銀行一樣）。因此國際投資者當然對這種債券感興趣。他們當時只能用凍結馬克購買債券，所以對凍結馬克的需求量不斷增加，匯價也相對地高於自由馬克。對於投資者來說，用高價買進凍結馬克以便得到債券是值得的。而且像我們知道的那樣，德國馬克終於成爲世界上最強勢的貨幣之一。

凍結馬克投機是經過深思熟慮並巧妙運作的外匯投機，人們首先必須堅定信念。德國的未來晴朗無雲，獲利可期，但人們必須能夠等待，直到時機成熟。

事實經常出乎意外地得出結論，凍結馬克的例子再一次說明：**對未來具有整體眼光的優秀投機者，能夠最精確地判斷行情是否過高或過低。官員、工程師、技術人員、經濟學家或企業管理人，甚至集團公司的領導人物，是最沒有能力診斷股市行情的一群人。**

知道得太多最後會有害處。這與辦案相似：雖然證人曾在現場，但他不具備必要的實際知識；專家具備這一領域的科學知識，但他在案發時不在現場又有什麼用？好的投機者也一樣。

12 瑞士法郎要強勢

瑞士法郎的匯價不是技術問題，
而是人口、社會、經濟的問題。
瑞士人要長壽，瑞士法郎要強勢！

在六〇年代和七〇年代，瑞士法郎的牌價不到一馬克，後來慢慢上漲，直到一九七五年，法郎的匯價已達到了一馬克的門檻。許多投機者、遊戲者，以及業餘的散戶，他們其實對貨幣問題懂得不多，只是認爲匯價高得離譜了。我重複一遍：這群人還包括什麼都不懂的業餘散戶。我有切身經歷，當匯價浮動大的時候，無法看透幕後的一般散戶，總會認爲不合理，只因爲他們不懂。

面對匯價的發展他們不知所措。特別是瑞士的通貨膨脹率高於德國，於是瑞士便以這個匯價成爲世界上最貴的土地之一。他們自問：難道這種狀況不會導致國家的毀滅？至少會毀掉旅遊業和工業。

瑞士人自己不這麼想。從國際上看這個價格是高了點，但他們認爲，還有上漲的空間。瑞士人堅信自己貨幣的質量：他們認爲瑞士不需要龐大的假日殖民地，不需要只住汽車旅館、中午只吃熱香腸的大批遊客。他們有足夠的富豪及同僚可以塡充所有的豪華酒店。

聖摩里茲（St. Moritz）最高級的飯店曾經計算過，它五名客人的平均消費相當於一百名汽車遊客的消費總額。他們有足夠的理由保持美麗的風景不受菇菌般四處孳生的現代化建築侵蝕，拯救綠地、森林、山湖和小溪不受污染。而瑞士，這座位於煙囪和垃圾堆的工業化歐洲中心的美麗花園，應該在最後一刻爲自己、爲歐洲最後一座花園而奮戰，就像美麗的國家公園。

但這不僅僅攸關浪漫的思想和旅遊業。戰後時期瘋狂的經濟擴張，使外籍勞工的數量上升到從業人口的一五%，而八十六萬一千名外籍工人對於六百五十萬本地居民來說，似乎太多了。這相當於現在的德國有八百萬外籍勞工。這麼高的外勞比率會令周邊的土地感染上外族恐懼症。如果義大利人口持續激增，許多瑞士人認爲，有朝一日他們會要求瑞士的提切諾州合併到義大利去。在一九四〇年法國投降後，墨索里尼便曾如此暗示過。

所以七〇年代初時，主張驟減瑞士外勞的「外籍勞工相關法令公民投票議案」

贏得了大約三五％的選票，儘管教會、政府部門、經濟先導和整個新聞界大量的反宣傳，仍是徒勞。當然，大多數公民還是很有經濟頭腦的，但是三五％的強大「少數」人民，仍然提醒政府必須深思。

任何事物都有極限，制訂這一極限最簡單的方法，是讓法郎保持高匯價。瑞士法郎從未有過這麼蓬勃的市況，瑞士的國家銀行幾年來一直能夠監督並控制這個市場。尤其在馬克升值之前，瑞士人曾經非常害怕，因爲更高的馬克匯價，會把國際資本的洪流更強地引向瑞士，多虧中立的政治立場，完全的外匯自由和嚴格的銀行秘密，才讓瑞士免於這一場災難。

政府和銀行一致認爲，瑞士人應該減少從國外聘用外勞而增加資本出口。前面已說過，由於瑞士國家銀行在法郎市場上影響之大，一直保持很高的匯價。這是最好的藥。這樣不同的問題便可以輕易地解決，也包括外勞問題，沒有人會因爲種族歧視而控告瑞士了。

這種藥雖然不是仙丹，但還是起了作用。總之一句話：瑞士法郎的匯價不是外匯技術問題，而是人口統計、社會和經濟的問題。由於這麼多的外匯投機者和遊戲者沒有意識到這一點，他們堅信瑞士法郎一定會再次跌回一馬克，所以更積極地作瑞士法郎針對德國馬克的賣空投機。當遊戲者後來必須再用法郎償還放空時，他們的反應愈發強烈。於是在這一償還的壓力下，法郎漲到了一．二五德國馬克，讓投機者造成了巨額的損失。

這麼高的匯價對瑞士國家銀行來說也不合適。在投機償還之後，瑞士又讓瑞士法郎再次略微跌回。

從人道角度來看，人們必須承認瑞士人在某種意義上也有道理。雖然我自己也是個「外國人」，但我當時與瑞士公民的感覺一樣：瑞士人要長壽，瑞士法郎要強勢。

13 貨幣貶值的真相

掌握天機的銀行四十八小時內賣出約一百億美元，第二天美元貶值一〇%，詭計成功！這些銀行立即進帳了十億美元的盈利。

外匯市場的所有變化，純然是人們心理的反應，也就是一窩蜂的現象。只要有人在外匯交易所喊一聲「著火啦！」保證所有人都會拔腿往外衝，甚至造成傷亡，但實際上連根火柴都沒點著。外匯交易如何會出現突發事故？我想用在過去幾年發生的事件來說明。

1.美國的貿易結算出現赤字，但德國的外貿卻有很多盈餘，於是形成了第一次賣美元買馬克的潮流。爲了吸收因出口創造的馬克，聯邦銀行提高存款利息。

2.高息的馬克引來新的儲戶，對美元匯價造成新壓力。

3.被打壓的美元，令企業家和商人害怕美元會持續走貶而馬克升值。美國進口商立即買進德國馬克；德國的出口商以相同的速度，以期貨方式賣出美元。美元賣壓沉重，連鎖效應不斷擴大。

4.美元儲戶（債券和股票持有人）也害怕了，賣出有價證券，並拋售所得的美元，數目相當於德國貿易盈餘的好幾倍。

5.國際投機客聞風而動，賣出上億美元，這些美元是專爲投機借來的，因爲他們相信，未來會以更便宜的價格買進美元。

6.連鎖反應進入了歇斯底里的狀態，聯邦銀行無力接收所有美元，匯價跌入谷底。這是發生在一九七三年二月的貶值故事，美元在一夕之間貶值一〇%。

這六事件爲美元帶來災難性的壓力。當時美國的財政部長舒茲（George P. Shultz）飛抵歐洲，對歐洲人施壓，要求歐洲貨幣升值。德國政府願意附和，但條件是法國也得加入，馬克升值意味德國有出口優勢。但法國正面臨大選，不願冒貨幣升值風險，否則左派在野黨會聲稱，政府屈服於美方壓力，爲美國利益效勞。

後來發生的是一場幕後陰謀。有幾家與美國政府交情頗深的大銀行已預見到，如果與歐洲的貨幣無法達成協定，尼克森總統會讓美元繼續貶值。

掌握天機的銀行在四十八小時內賣出了約一百億美元給聯邦銀行，雖然當時這是筆天文數字，聯邦銀行在最後一刻還是必須接受這筆數目。第二天美元貶了一〇%，詭計成功了，這些銀行立刻進帳十億美元的盈利。

這樣的消息十年才會出現一次，但絕不會傳到投機者和外匯商的耳朵。我要給外匯商和投機者一個忠告，不要跟著這類消息跑，因爲眞正的內線消息你們是得不到的，所以不應該像一九七六年英鎊的例子，讓自己被歇斯底里的潮流牽著鼻子走，應該深刻地思考貨幣背後代表的意含，把法國哲學家笛卡兒的名言銘記在心：「我思故我在。」但我想修正一下：「**我思故我投機。**」

美元對馬克的匯價變化有多快，以下例子足以說明：

一九八六年底，法國法郎遭受猛烈攻擊（大學生要置席哈克於絕境），國際外匯投機客期待德國馬克升值或法郎貶值。外匯商用上億的法國法郎買進德國馬克，法國銀行不得不以馬克兌換法郎，但因爲沒有足夠的馬克外匯存底，必須買進價値一百億美元的德國馬克，因而壓制了美元匯價。就是這個技術性因素造成美元匯價變動，完全非關經濟上的因素。

財政部長施多騰博格（Stoltenberg）不願意承認這個事件的影響，不容許任何幅度的通貨膨脹，而且十分自豪自己受家庭主婦歡迎的程度，當市面上的花生又便宜了五分尼時，大家尤其覺得他了不起。但當幾個月後這群主婦的丈夫紛紛失業時，她們肯定就高興不起來。人們從施多騰博格幾年前關於美元下跌的評論中就已經知道，他缺乏遠見。他聲稱：疲軟的美元對德國的經濟沒有影響。原因是，向美國的出口對德國來說意義並不大。

只從德國和美國的雙邊貿易角度評論美元貶值的問題是無稽之談，人們必須更宏觀地思考。法國已經擁有貿易逆差，如果因此再導致法國削減進口，德國也會有影響，因爲法國是德國最大的客戶。**整個世界，包括德國在內，都從美國貿易逆差獲利。美國的經濟發展和居高不下的美元匯價，是世界經濟的一大支柱。**

當年尼克森總統引進一〇%的進口附加稅時，包括德國在內的出口國都爲之震驚，因爲如此作法減緩了美國進口的速度，不利出口和競爭力。當德國馬克升值四〇%時，就直接影響外貿，因爲德國經濟的三〇%是靠出口。當我們看到令人失望的數字時也該想一想：一九八六年美元降到一．八馬克之下，並不是肇因於經濟因素，而是兩項技術性事件的結果：一是法國銀行對法郎貶值的反擊，另一則是美國財政部長貝克（James Baker）嚴重警告日本和德國的經濟掛勾，否則美元還會繼續下跌。爲此，引起全世界所有的出口國，尤其是日本，大拋美元。

美元貶值完全是技術加投機使然，因爲在經濟上，過去和現在的美元價值都被低估了。而當時的財政部長施多騰博格，卻不願承認這一點。

14 金翅膀

「如果鳥兒的翅膀拴上了黃金，
那麼牠就再也飛不上天空。」

經濟專家和權威人士組成了一個兩黨體制，一個挑釁通貨膨脹，另一個挑釁通貨緊縮。他們像蒙住眼睛的古羅馬鬥士彼此爭鬥。更多人則期待能混水摸魚。但有一點權威人士意見一致：大災難一定會到來。樂觀者判斷在二至三年後出現，對悲觀者則說隨時都會降臨。

分析家經常引用一九二九年發生的案例，類似的症狀至今仍蠢蠢欲動。這只不過是一種表象，卻被過分突顯。這種症狀現今是出於一個已變調了的原因，在我徒勞地問過五位經濟學家、六十位銀行董事和二千名經濟系學生後，可以用一個名詞表達「金本位制」。

一次世界大戰爆發前，整個世界和金融經濟是建立在金本位制。這意味，當時的黃金準備決定了銀行提高或減低利息，縮小或擴大貨幣供應量。黃金是經濟貨幣政治的獨裁者。魯艾夫（Jacques Léon Rueff）（外號叫「金本位先生」的貨幣專家）把這種體制稱爲「君主統治者」。「但是君王的軍隊在哪兒？」我曾在一場電視討論中問魯艾夫先生：「我們應該執行絕對的通貨緊縮，收回國家的黃金嗎？」早在一九三二年魯艾夫就把金本位制吹捧上了天，提起了德國的例子並引用布魯甯路德政府（Brüning Luther）的通貨緊縮政策，因爲這項政策成功地提高了金本位制。我們知道，這項成功也讓希特勒在一年之後成功掌權。

貴族俾斯麥雖然不是經濟專家，但他絕妙地說過：「金本位制就像一條雙人被，棉被下的兩個人都試圖把被子拉向自己這一邊。」從一九二六年起，法國就瘋狂地把這條被子拉向自己，所以沒有足夠的黃金給美國和英國的貨幣發行銀行。嚴格遵守金本位制阻礙了貨幣所有的靈活性，人們必須付出巨大的代價保護金本位制，儘管隨之而來的是失業、危機和破產。

一九三三年，美國羅斯福總統決定讓美元與黃金脫勾（英國人在一九三〇年就已經這麼做了），輕易地化解了美國的金融和銀行危機。

當有些經濟學者和政客提及金本位制時，我總是想到以下例子：孩子學鋼琴時，旁邊通常會有一個節拍器掌握彈琴的節奏。但如果要演出大型的交響樂作品，一個節拍器是不夠的，這時需要的是一位天才指揮家，就像今天龐雜的世界經濟，需要天才經理人和政治家一樣。

天才難遇，但有一點是肯定的：由於經濟的需要，現今銀行的貨幣和利息政策已不受黃金的影響。黃金價值定義得最有智慧的不是哪位經濟學者，而是曾獲諾貝爾文學獎的印度偉大詩人泰戈爾：「如果鳥兒的翅膀拴上了黃金，那麼牠就再也飛不上天空。」黃金成了一種乏味的商品，可升可跌；但金本位制已成過去，經濟還會再度起飛。

15 通貨膨脹，必要之惡

高利率的巨額債務一開始就抱著一個希望：物價繼續上漲。如果不這樣，整個世界都將破產。

在古老的帝國時期，約瑟夫皇帝（Franz Joseph）有時也訪問匈牙利的一些小城市，接見高官顯貴並提出同樣的問題：「市長先生，今年的收成如何？」有一次問到格錄市長（Grun），他回答：「收成很好，陛下，但是沒有一點暴利，我們無法生活……。」

在今天格錄的說法是：「……沒有通貨膨脹我們無法生活。」這也許是事實，因爲**沒有適當的通貨膨脹，自由世界的經濟將會窒息。**

世界經濟也需要這種興奮劑，就像人類有時需要一點酒精、咖啡或尼古丁。爲什麼？因爲所有國家、城市、大小企業、建築巨頭和商人們都有欠債，如果沒有

「一點兒通貨膨脹」，就永無擺脫債務之日。

這類高利率的巨額債務一開始就抱著一個希望：物價會繼續上漲，如果不這樣，整個世界都將破產，就像沙漠會突然毀掉開滿鮮花的田野一樣。今天對該不該借款評論已爲時過晚，一切都已經發生了，也許根本沒有其他可能性。

如果通貨膨脹降到零以下，幾百萬的債務人保證無法履行義務，如果債務人垮臺，那麼債權人也就玩完了。

就像那時施來辛格（Herrn Schlesinger）領導下的德國銀行，如果政府血腥鎮壓通貨膨脹，那麼二〇年代的歷史發展結果，將是一場毀滅性的浩劫。美國總統胡佛（Herbert Hoover），以通貨緊縮造成史上最大的經濟崩潰，在德國，布魯甯總理和國家銀行董事長路德藉由緊縮性的金融政策，甚至把希特勒推上了臺。

戰後美國總統艾森豪首先造成了經濟的再次衰退和失業，英國首相希斯（Edward Heath）主觀臆想的穩定政治，促使英國工黨獲勝。

簡單說，通貨膨脹是一大弊端，但與通貨緊縮相比，通貨膨脹卻只是較小的弊端，**通貨緊縮最後必然導致社會資本主義**。

商人對通貨膨脹的恐慌症，和社會大眾歇斯底里的反應，同樣糟糕和危險。每次通貨膨脹期間，民眾的慌亂氣氛總是使我想起蜂窩被捅時蜂群的表現。蜜蜂是勤儉的象徵，一旦儲存節省下來的一切所築成的蜂巢被摧毀時，自然會瘋狂地嗡嗡飛撞，不僅蟄傷他人，也爲自己的死亡做好了準備。

儲蓄人由於害怕會失去所有的積蓄，肯定會急如熱鍋上螞蟻，並急於找救星，不論投資顧問提供什麼建議，一律照單全收。每條街上都隱藏著不負責任、唯利是圖的人，這些唯利是圖的人常常是沒有經驗的投資顧問，他們建議儲蓄人不適當的儲蓄商品，引誘他們到能讓自已賺最多錢的投資中。

那麼故事的結尾如何？就像莫里哀（Wie Moliére）所言：「病人並非死於疾病，而是死於人們給的藥。」

這種通貨膨脹性格一定要改變，而且絕大多數政府也表現出嚴肅的態度。就像爲了治好病，升高體溫一樣，**通貨膨脹時也必須把利率向上調整，儘管短期內會很痛苦，卻是有效的方法。**

投機界當然訝異，因爲許多年來他們始終看好美元會不斷下跌，物價會飛快上漲，整個世界都會背負美元的債務，並且堅信一筆又一筆上億的巨額款項，會以一個極低的匯價被償清，而且愈晚愈低，全世界的企業會搶著申請美元貸款。

我還記得一個有趣的例子，多年前，當美元對馬克的匯價跌到大約一．七馬克時，我接到一位東歐著名外交家的電話，我和他是多年朋友，他第二天要來巴黎，要求兩人務必要見一面。

由於我時間緊湊，約好了第二天碰面。

一見面他就說：「科斯托蘭尼先生，我需要您一個回答，請用『是』或『否』回答我的問題，現在是不是應該用美元買回馬克？」

我對此的回答不是「是」或「否」，而是：「我不知道，但我想問您一個問題：您爲什麼一定要知道？」

「因爲我們有一筆五千萬美元的貸款，這筆貸款六個月後才用得上。我們想，或許可以在此期間買德國馬克而從中小賺一筆。」

「在這種情況下，」我回答說：「這是不被允許的。如果您今天借了美元，六個月後必須償還，就不能用來投機，這會變成純粹的賭博。欠美元就是欠美元，任何事都可能發生，美元也許會上漲三〇％，也可能跌得更低。」

之後發生什麼事？美元在六個月上漲了三〇％，我的朋友很感激我，他的國家差點就損失一大筆錢。

很多歐洲企業在美國大量投資，用的卻是借來的美元。每個人都充分利用自己的貸款能力，在這些債務上又加上幾千億的商品投機貸款，因爲購買期貨無非是以黃金、銅、橡膠、糖等爲形式的債務。也許這種投機買賣，該對通貨膨脹率的幾個百分點負責。投機狂熱的極點是針對美元操作外匯遊戲，投入的金額簡直無法估量。

無節制的商品和貨幣投機，激發了美國進一步的通貨膨脹，並出口到其他國家。如果黃金漲價，人們還買銅、橡膠、糖和其他一切，例如在法國八〇年代初，操作黃金投機的結果，頂尖地段的房租和地價在一年之內上漲了五〇%。

對這種胡鬧的嚴厲處分便是調整利息。一九八七年秋天，葛林斯班（Greenspan）先生提高利息，就是打擊投機的又一次嘗試。投機者必須受到懲罰並付更高的利息，全世界的貨幣投機者都接到這項警訊，因而發揮了恫嚇的作用，導致一九八七年十月的「黑色星期一」。通貨膨脹的危險還留在許多人的腦裡，通貨膨脹的願望還在許多人（貨幣投機者、懶惰的債務人等）的心中，這裡再講一個猶太笑話以爲注解：

孔恩先生坐在火車上，他不停地歎惜：「哎，我好渴，哎，我好渴！」下一站有位乘客拿來一瓶啤酒遞給孔恩，「太感謝了。」孔恩一口氣喝個精光。

火車繼續前行，孔恩又開始了：「哎，我曾經那麼渴，啊，我曾經那麼渴！」「夠了，」另一名乘客氣憤地喊道：「您已經喝過啤酒，該解渴了。」但孔恩繼續抱怨：「是呀，但我一定會更渴的。」

我曾經爲通貨膨脹下過定義：「**它是一場舒適的溫水浴，但如果不斷加熱，浴盆最後就會爆炸。**」在下一次爆炸中，首先受傷的當然是坐在浴盆裡的人。

16 所謂的債務危機

第三、第四世界國家所累積的債務，占了世界通貨膨脹的一大部分，債務國無法獲得新的貸款之後，債權國家反而陷入狼狽的境地。

八〇年代初，西方的大銀行想出了一個令人驚訝的主意：他們開始審慎審查國外債務人的貸款信譽。結果，第三和第四世界國家沒有得到新的貸款，從而不能或不願償還舊的債務，於是那些過於大方的債權國家也陷入狼狽的境地——對於每個清醒並客觀思考問題的人來說，這是可以預見的結果。

當時的法國總統季斯卡（Giscard d'Estaing）剛剛建立了「南北對話」的機制概念，我在債務危機正式爆發之前幾年，對此仔細評估分析過了，並將結論發表在一九七七年八月的《資本》（*Capital Heft*）雜誌上。以下是一九七七年的原文：

這個南北對話是對「南北對峙」的外交改寫，或更準確地說：南西對峙。這裡所指「對峙」的原因是，第三和第四世界國家要求進一步財經支援，而採取攻擊性的請求。

這些要求超出工業國家能力允許的範圍，必然會對西方人民生活水準產生極大的限制。儘管債務堆積如山，南方國家仍不願向西方承認這一點。這使我再次回想起我的青年時代。一個常年向我調頭寸的好朋友尤西，有一天他突然有個預感，他在我這裡的貸款已經到極限了，再也摳不出錢來。於是粗著嗓門向我解釋：「我知道，親愛的安德烈，我已經欠了你五千法郎。我也一直想著這筆債，因為——你看——這是利息！」這一無力支付的聲明，至少在他眼裡足以作為償債能力的證明。

尤西是個混混，他把自己的朋友當成納稅人。但是他的公司是那麼有趣又富教育意義，所以我十分願意繳交這筆稅款。

南方國家連我朋友的這點高雅姿態都不惜擺了出來，當他們以新債償付舊債利息時，更是這副嘴臉。

今天為第四世界不斷爭取支援的西方國家政客，應該讓這些數字在腦子裡轉一圈，然後才會體認到，這些國家的債務——大約五千億馬克，再加上一千億的東歐債務，是世界通貨膨脹的主要原因。

這筆錢是貿易貸款還是金融貸款都無所謂，因為反正沒有還清之日，數目龐大，還債是不可能的事。

從工業國家出口了價值六千億馬克的商品，而每一次單向的供貨都造成出口國的通貨膨脹。藉口說這種出口可以支援勞動市場，不是政治謊言，便是經濟的無稽之談。這筆鉅款將從西方的社會產品中撥出並免費奉送，這意味著通貨膨脹。

唯一的治癒療方是，透過自動化的合理安排而形成經濟更高的效應，但是這需要大量的投資，而投資勢必會引發另一波通貨膨脹。

為了提供南方國家更多西方社會的產品，人們必須暫時大幅度降低西方的生活水準。工會成員、農民和所有在西方靠工作維生並有選舉權的人，是否欣然接受這樣的安排，是決定性的問題。

債務人和債權人的感情態度無法統一……。

17 一個有頭腦的律師

贏是可能的，輸是必然的，
贏回來，是辦不到的。

就像我們即將看到的故事，好的想像力有助於處理債務。

在我年輕的時候，一位律師想出了一個絕妙的主意，矇混過了銀行。這名律師就是奧特沃斯（Karl Eotvös）博士，他也許是當時匈牙利最著名的律師。他告訴我一個有趣的故事（當然是幾十年之後）。

一位布達佩斯大銀行省支行的職員，來自一個生活優裕但並不富有的家庭，他是個賭徒，嗜賭成癖，先是輸掉了自己的一點積蓄，後來又從櫃檯貪污了兩萬盾（相當於今天四十萬馬克）並巧妙地隱瞞下來。他像許多賭徒一樣堅信，總有一天自己會爆冷門中大獎，並以此償還貪污的錢。他還不知道我的名言，我不斷在股市、紙牌等賭博的賭徒面前表示：「**贏是可能的，輸是必然的；贏回來，是辦不到的。**」

銀行年終宣布要進行嚴格審查時，這個年輕人陷入了慌亂，他彷彿已看見自己進了監獄。他跑到律師奧特沃斯那裡懺悔了一切，甚至提到要自殺。律師思考了一下問道：「既然你可以把這麼一大筆錢不知不覺地貪污下來，應該還能再從櫃檯拿出錢來吧？」

「沒有比這更容易的事了，律師先生！」

「那麼盡快拿兩萬盾交到我手裡！」

十天之後年輕人帶著錢出現了。「現在請走吧，別自殺！」

然後律師來到銀行的董事會，用十分悲痛的語氣向銀行說明，年輕人貪污了四萬盾，現在要自殺，引起董事會強烈的反應，威脅要公布這項醜聞，並以刑法解決。

「別這麼快決定，各位先生，」律師安慰大家：「他受人尊重的家庭一定會竭盡全力維護自己的名譽！」十天之後他又來到董事會報告說：「他的家庭非常震驚，爲了拯救兒子和名譽，他們什麼都願意。但是他們並不富裕，能夠拼湊起來的最大數目是兩萬盾。這筆錢不小，但是他們願意爲家庭而犧牲。當然，條件是你們得睜一隻眼閉一隻眼。」

董事會除了閉上眼睛還能做什麼更聰明的事？

18 蟋蟀和螞蟻

有趣的是，儘管多年來美國一直是世界經濟的「母乳」，全世界的人卻不斷抱怨美國的貿易逆差。

今天世界上有許多團體和國家持堅反美的立場，試圖利用所有的手段動搖美國的聲譽和可信度，甚至破壞其繼續發展的實力，武器之一當然是美元。爲了使美元喪失信譽，除了宣傳之外，還誤用一些雖非錯誤但不完整的統計數據。有時因爲歐洲記帳的方式與美國不同，造成我們無法將兩方的資訊直接比較，但有時候純然是爲了誤導大衆的意見。這就是說，人們使用統計資料，爲的是證明統計資料能證明一切。

例如人們不斷地抱怨美國的財政赤字和龐大的債務，其實今天美國的財政赤字在比例上，不比施密特政府下的德國高。

人們還必須考慮到，在美國財政中支出最多的軍備支出，不僅包括一般費用，還包括了人們大量投資轉到高科技工業的一大筆數目。這與歐洲正好相反，在歐洲這種投資不算作軍備支出，而是透過提供工業補貼來籌集。與所有歐洲國家相反，在美國沒有增值稅這一項，而五％的增值稅就能一次調整所有的財政赤字。

美國的債務也相對比德國低，正好是國民生產毛額的五〇％，在德國甚至還必須算上退休準備金（這在美國也沒有），這實際上是一筆隱藏的債務。這筆很難確切計算的財政支出，會依人口成長在未來愈來愈重。茲莫勒（Carl Zimmerer）是我所認識的人中，最擅長收支平衡的人。他預計這一「退休金洞」，將高達八萬億馬克！別忘了，茲莫勒說的是八萬億馬克無法平衡的債務。

部分分析家居然聲稱，美國的債務比巴西還要高。這當然是個好笑話，是對每個讀者智慧的侮辱。

我承認，來自美國的資料很龐雜，但是美國的國民生產毛額也很高，而這些龐大的資料有時令歐洲國家感到壓抑。美國眞的負不了責任。金融狀況也類似，美國只要稍微提高貨幣供給量，就可以造成歐洲貨幣淤積；美國最小的貨幣緊縮，就會造成歐洲的通貨緊縮，不僅金額龐大，而且常常是比例失調，這對歐洲來說很危險，但可惜這無法改變。

說到這裡我總不禁想到，著名瑞典作家斯坦伯格（August Strindberg）的一部中篇小說明白表示，在弱小與高強的衝突中，大多數人總是同情弱小。也許強者會受到尊敬，弱者則會受到愛護。

利用以上提到的扭曲數據和特殊引述，人們在支援一種傳染性的反美主義，而外匯商們則根據這些數據和貿易的收支，進行分析相對的投機，儘管今天公布的數據明天就會被校正，而被校正的數據後天又會被修改……。

馬克．吐溫說得多有道理啊：**「有三種謊言：謊言、惡毒的謊言和統計數字。」**

有趣的是，全世界的人都在抱怨美國的貿易逆差，儘管多年來美國一直是整個世界經濟的「母乳」。不僅多虧強勢的美元，還由於增長的國民生產毛額，使得美國消費不斷提高。我們不斷指責美國人超前享受，花的錢比掙的多，年輕人以香檳代可樂，但西班牙在當今美元飛漲的時期，眞的把它對美國的香檳出口調漲了一番。

當然美國人不是願意存錢的民族，儘管這在過去的二十年裡也有所改變。美國人也開始存錢，但使用與歐洲人不同的儲蓄工具，他們不僅有存摺，還將大部分積蓄投入巨額的人壽保險和股票投資，另外還有所謂的儲蓄計畫。根據這種計畫，可以在稅務優惠政策下投資股票，十億、百億的美元投入了所謂的貨幣基金市場，由股票經紀人管理，這種基金每個星期都可以退出，利息也是每週一變。我必須重述，美國人不是天生的儲蓄者，他們有更多是天生的企業家，每個美國嬰兒在搖籃中就想到他未來對企業的投資，和要成立哪些新企業，而德國的嬰兒已經在想他的退休金了。

我已經收到了幾次年輕人的來信，他們問我應該怎麼安排自己的生活。不久前一位十八歲的年輕人寫信給我說，他最大的目標就是盡快地退休。對我來說這當然是個大玩笑，由於我三十五歲時就「退休」了，所以在六十歲時才眞正活躍，儘管我在「退休期」內一直關注我個人的投資和股市，但最終還是對這種退休狀況感到非常痛苦。

美國人肯定不是優秀的儲蓄者，也不願拚命攢錢，因爲他們講究享受主義。我也不是一個拚命攢錢的人，所以我把拉方登（La Fontaines）關於蟋蟀和螞蟻的童話改寫。您大概知道這個童話，童話中的螞蟻整個夏天都努力節省，爲的是給自己在冬天做好貯備。而蟋蟀則整個夏天都在唱歌，不想爲冬天節省準備。當蟋蟀在冬天陷入困境時找到了螞蟻求救，螞蟻拒絕了牠。

我的續篇是這樣的：冬天過去，春天又來了，螞蟻從牠的窩裡爬出來立即開始爲下一個冬天積攢貯備，忽然牠看見蟋蟀叨著粗大的雪茄坐在巨大的勞斯萊斯轎車裡開過來，和平常一樣高興地在唱歌，螞蟻十分驚訝地問蟋蟀：

「你打哪兒搞來這部大車，你現在在做什麼？」

「我是怎麼搞到車是我的事，我現在要去巴黎。」

「用你的勞斯萊斯？」

「是的，」蟋蟀說：「用我的勞斯萊斯。」

「那麼請你幫我做一件事，」螞蟻謙卑地說：「請你拜訪拉方登先生，向他引用歌德的詩，並替我問候他。」

19 美元勢將捲土重來

全世界的投機建構成一個巨大的美元短期效應，但所有專家都在強調，美元其實被大幅度低估了，有朝一日必定以驚人的速度反撲！

我自問，爲什麼民衆、經濟學者和外匯商對美元的升值感到驚奇。毋庸置疑，十週之內的升值是一個成熟的結果，但是之前美元低得只合兌一．四五馬克，卻沒有人對此苦思冥想。多數觀察家認爲，美元跌入低谷是一種合乎邏輯的自然的發展。爲什麼？因爲他們不動腦筋思考。當然，當美元再一次降低兩或三分尼時，會成爲頭條新聞，但眞正激動的只有持有美元的人。幾年來所有國際商品交易專家都聲稱，根據美元的購買力匯率其實應該在二．二馬克左右，山姆大叔的貨幣被大幅度地低估了。根據德國最知名的工業專家的意見：美元甚至應該等值於三馬克，如果在評估時還加上美國企業盈利的話。

但是最好的理論又有什麼用？美元在今天由於心理和技術的原因，只相當於一・七五馬克，沒有人能夠精確地以另一種貨幣的尺度，計算出一種貨幣的價值，也沒有電腦能做到。因爲外匯和股票一樣：又有誰知道，戴姆勒克萊斯勒（Daimler-Chrysler）或IBM股票眞正值多少錢？

有無數影響因素決定外匯的牌價。這是證交所存在的原因，在這裡投資者、投機者和遊戲者可以進行股票和貨幣的買賣。這就叫投機，美元也在其中。**我把外匯投機稱作迷宮，更準確地說是瘋人院。據英國銀行估計，每天大約有六千億到七千億美元在全球交易，其中最多只有五%的交易是世界貿易所必需的，其他的一切都純屬在十分之一秒內掙到十分之一分尼的遊戲**，人們怎麼可能在這種混亂中持穩中立的見解？

當我傾聽政治家，甚至在位的部長或央行官員的聲明時，總是一再證明，他們眞的很少把投機的力量考慮進去，而這股力量卻是能動搖甚至破壞政府或央行的決定。

舉個例子：美元跌入一・四五馬克的低谷。這一下跌，又回到聯邦銀行幾年來不斷對美元施加壓力的情況下。貨幣的保護女神必須與通貨膨脹作戰，她只有兩種武器，低美元和高利息。這比提高稅收的第三種武器，在政治上更行不通。如果外匯貿易得知聯邦銀行對每一次美元升值都進行干涉，必定會出現外匯貿易按期貨賣出，從而造成附加匯價壓力的局面。

當然，幾年來全世界的投機，建構成了一個巨大的美元短期效應，估計的總量約有三千五百億美元。這個短期效應由純投機者用期貨形式賣出美元所組成，但日本出口商也加入了緊張的遊戲，如果上帝有朝一日命令所有美元放空者在最短的時間內進行儲備，那麼一定會發生慌亂。投機者有幸，親愛的上帝目前有其他煩惱。

當然不排除在遙遠的一天出於某種原因，像在八〇年代那樣，美鈔快速地漲到三・四馬克，我不是聲稱這種情況會重現，但類似的方式一定會發生一次。美元的賣出者勢必陷入恐慌。

所以投機者要注意，基礎的數據把美元推向高處，對它的干涉還在繼續。會持續多久？我不知道，但有一點是肯定的：針對一種被強烈低估的貨幣進行干涉，是違反邏輯，所以很有可能美元有朝一日會加速前進，特別是當美國貿易逆差被成功消除之後。到那時，一位維也納女士的話就會受到尊重。人們問她爲何欣賞美元，她乾脆地說：「一美元總是一美元。」

投機珠璣集之一

■人們因為巧合而做出最幸運的蠢事。

■有次我坐在兩個經紀人之間，一個抱怨今天沒有做成生意，另一個為了一大筆佣金笑顏逐開。「那是幸運多於理智。」第一個說。另一個回答道：「上帝給我幸運多，理智少。」

■有時我能從金融規則或法律條文的錯誤用詞或印刷錯誤中牟得大利。

■我們有時會被錯誤的意念引入歧途，以致一生停留在錯誤中永遠無法認識真相。

■許多人對股市的變化感到驚訝，那是因為他們還不認識股市。

■股市上有用的詞是：也許、但願、可能、會、儘管、雖然、我想、我認為、但是、大概、這看起來……，所有人們想的和說的都是有條件的。

■債務人找到好的債權人，比債權人找到好的債務人更重要。

■當今金融市場的最大危險是，太多的錢掌握在不懂行情的人手裡。

■銀行家必須像所羅門一樣有智慧，像亞里斯多德（Aristotle）一樣聰明，像參遜（Samson；聖經中孔武有力的人）一樣強壯，並像梅圖薩勒姆（Methusalem）一樣老。

■懷裡只剩兩分錢的貴族還是樂觀者，擁有滿滿保險櫃財富的小人物還是悲觀者。

■人們有時真應該用法國財政部長奧里爾（Vincent Auriol）曾說過的話：「我關閉銀行，把銀行家關起來！」經常有投資顧問說：「我擔保……」但誰為他們擔保呢？

■舉世聞名但對股市一無所知的匈牙利作家默納（Franz Molnár）極其貼切地定義了放空投機者：「一個為自己掘墳，卻讓其他人掉進去的人。」（這句話的風趣只有絕對的專家才能懂。）

■誰是最完美的投機分子？那些每到一個新地方先問：「孩子們，這裡什麼是被禁止的？」的人。

■在薩爾斯堡藝術節上我碰到一位股友，沒想到他也對音樂感興趣，問他在這裡做什麼，他回答：「我在等待結束！」當我的朋友詢問我對IOS投機的看法時，我給了他同樣的回答。

■沒有任何部長比法國財政部長德莫茲（Anatole de Monzie）能更精準地描述

國家的困境：「先生們，國庫空了。」

■ 當銀行家對一項建議說「不」的時候，他是想說「也許」；當他說「也許」的時候，他是想說「是」；但如果他立刻回說「是」，他就不是好的銀行家。當投機者對一項建議說「是」的時候，他是想說「也許」；當他說「也許」的時候，他是想說「不」；而如果他馬上回說「不」，那麼他就不是一個真正的投機者。

■ 人們議論富有的笨蛋總像議論一個富人，而議論窮人則像議論一個笨蛋。

■ 富有是比相同環境中的其他人更有錢。

■ 工程師在工作時不許受酒精影響，而對投機者來說這卻是優點，因為它能解除某些障礙。在股市上、生活中和專欄裡，我經常有正確的答案，只是必須找到對應的正確問題。

■ 古老的股市真理：行情不能繼續上漲時，就必須跌。

■ 德國人無法適應金錢的陰謀，這個浪漫者、哲學家、音樂家的民族，在與金錢相關的事物中並不浪漫，而且失去全部哲理，尤其是想像力。

■ 所有今天的行情在一％或二％之間的有價證券——破產的股票、陷入困境的國家債券——都有一個很大的優點：極適合做牆上的裝飾品。

■ 人們經常稱我為「股市專家」，這個讚譽我不接受，因為我只知道今天是什麼、昨天曾是什麼。但這就已經很多了，因為大多數專家連這一點都不知道。他們還不知道，多數情況下是行情製造新聞，新聞被傳播出去，而不是新聞製造行情。

■ 也懂笨蛋語言的股市投機者是智慧的。

■ 通常在政治和經濟中有害的不是獨裁體制，而是獨裁者。

■ 在經濟政治中正確地駕馭無非是對現實的適應。

■ 一句老話說：股市是沒有音樂的蒙地卡羅。而我的斷言是：股市是有很多音樂的蒙地卡羅，但人們必須有天線接收這些音樂並聽出其旋律。

■ 人不必富有，但要獨立。

■ 如果強盜懶惰而笨蛋少說話，經濟生活將多麼美好啊。

■ 在股市中常常要閉上眼睛才能看得更清楚。

■ 對投機者來說，反覆思索而不採取行動，比不加思索而採取行動好。

■ 任何投機者都經歷過「突發性的轉折時刻」，若不充分利用，便不會再有新的機會，所以我的建議是：出擊！

■ 我們這些老投機者最大的不幸是：積累了經驗，卻失去勇氣。

■ 我寧願贊同多數股市同行的意見，也不願意與他們爭論。

■ 純粹的投機者只購買他認為能賺三倍或四倍的證券，也有可能是十倍（我有許多這樣的經歷）。

■如果商人以一〇〇%的利潤賣出商品，被稱為欺騙；但股市投機人以雙倍價格賣出股票，卻很平常。

■男人生來為掙錢，女人管帳；理想的狀態是男人輕率，女人吝嗇。我有很多朋友可以證明，我父親給我母親最漂亮的禮物，得到的卻是對他浪費成性的斥責，「為什麼？」他回答說：「這總比把錢送給藥店老闆好。」

■如果沒有蠢人，股市會怎樣？如果有一台超級電腦什麼都知道，股市又會怎樣？我對這兩個問題的回答是：「那就不是股市了。」

■以前人們說，一個人失去了理智和他最後的一萬盾；我則說，今天德國的儲蓄人用他的第一個一萬馬克失去了理智。

■「我聽說你中了大獎，贏了十萬馬克，現在你做什麼呢？」──「我很擔心。」

■窮人怎麼罵富人？「你應該是你們家唯一的百萬富翁。」

■許多人需要錢，不是為了占有，是為了炫耀。

■有一類股市專家，沒有足夠定力的人不許與他們交談，因為他們所說的一切只會產生消極影響。

■對投機者最大的打擊是，儘管他事先預感到一個大錯誤，但還是做了。這種情況幾乎不曾中斷，因為他老是受別人影響。

■人們不應該用眼睛關注事態發展，而是用頭腦。

■德語中有個滑稽的詞兒：「證書商人」（Diplmokaufmann）。對我來說，商人的證書是他的收支平衡表。

■德語中一個不可思議的名詞：「銀行商人」（Bankkaufmann），這是語意學上的突變，因為非銀行家，即商人，兩者在生產上的立場是完全對立的：銀行家收取利息，愈高愈好；商人付利息，愈低愈好；銀行家關注的是投資的安全性，商人關注的是想像力。

■著名作家施德哈爾（Schriftstellers Stendhal）的墓碑上寫著：他曾經生活、寫作、愛。不幸投機者的墓碑上則是：他曾經生活、投機、失敗。

■視覺商人和超視覺商人的差別，前者買賣所有看得到的東西：商品、房地產、折舊資產等；超視覺商人只買賣其他人沒看見的東西。機智的股市投機者也屬於這一類，他們買賣股票、有價證券，他們的機遇其他人都看不見。

■在高度繁榮中，特別是在通貨膨脹迴光返照的繁榮中，人們開始一定要冷靜，然後聰明，最後智慧。

■人們經常談到銀行危機。這令我聯想到最近的威尼斯之行，這個季節馬庫斯廣場每個晚上都被海水淹沒，但第二天早上卻看不到任何水位的痕跡。有些銀行的財務數字也是有一段時間「泡在水裡」，過一段時間又恢復過來，甚至可以付更高的紅利，那時便沒有人再談論銀行危機，過往的一切都被遺忘。這種現象我在過去的五十年裡經歷了幾次。「倒閉」一詞雖然因銀行而生，但現在銀行是不可能倒閉的。因為這個世界不僅有一個社會網，還有一個貸款網，每個債權人都是另一個債權人的債務人，而另一個債權人也是債務人。如果債務人不付款，那麼他可以享受延期償付，這個邏輯對鎖鏈中的其他債務人同樣有效。

■在過去的混亂年代，很多唯利是圖的人把事情搞得更亂，更方便他混水摸魚。

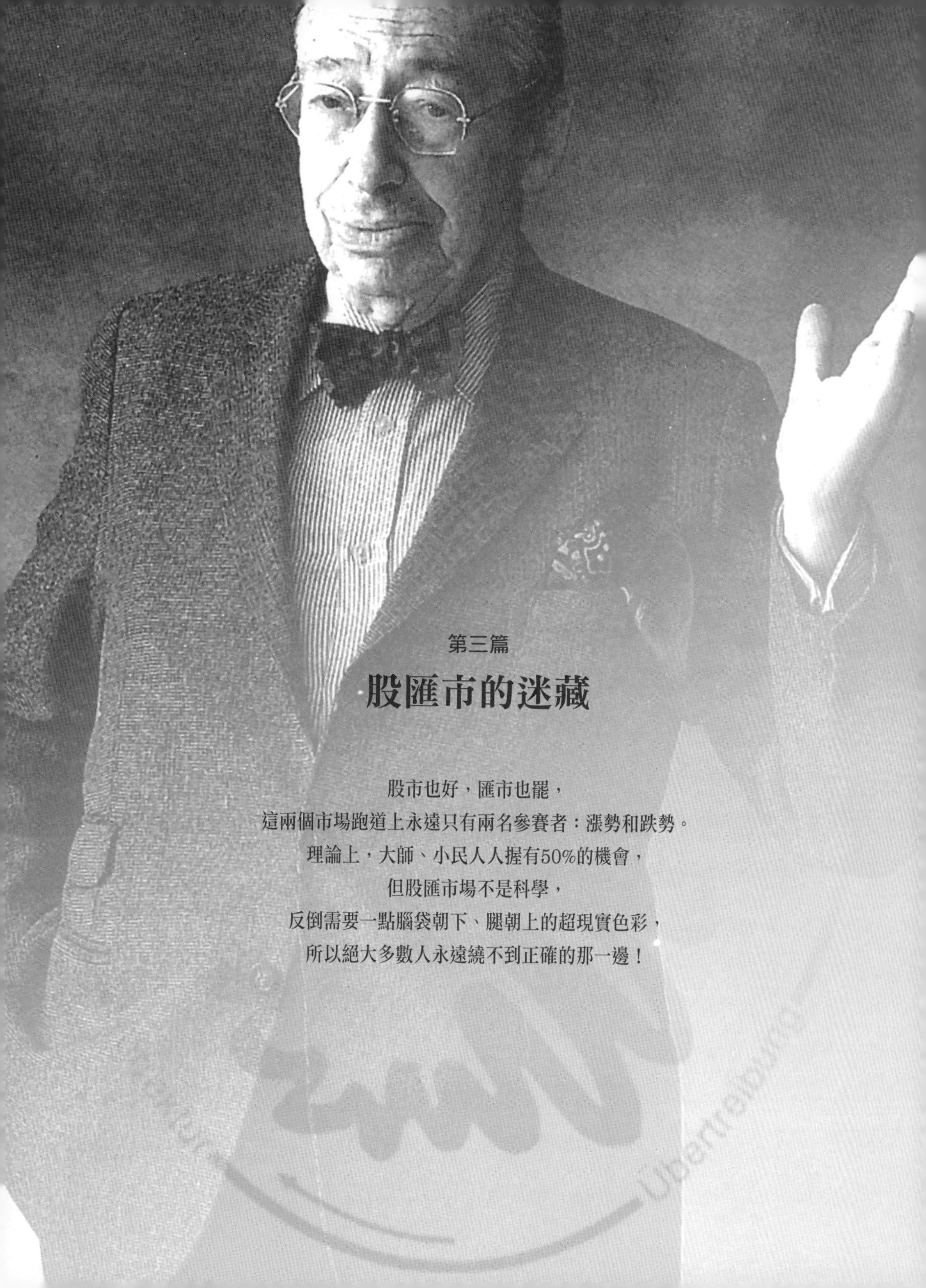

第三篇

股匯市的迷藏

股市也好，匯市也罷，
這兩個市場跑道上永遠只有兩名參賽者：漲勢和跌勢。
理論上，大師、小民人人握有50%的機會，
但股匯市場不是科學，
反倒需要一點腦袋朝下、腿朝上的超現實色彩，
所以絕大多數人永遠繞不到正確的那一邊！

20 我的親身經歷

絕對不要用借來的錢買股票，
除非是輕舉妄動的冒險家。

經常有人問我，可不可以或應不應該借錢買股票？我的回答始終如一：**只有擁有比借款金額還多出很多錢的人**，才可以借錢買股票。我傾向這麼說：絕對不要借錢買股票，除非是輕舉妄動的冒險家。當然，這也牽涉比例和股票體質的問題。

有許多例子證明貸款買股票有多危險、甚至釀成悲劇，而不借錢的投機人又是擁有多大的優勢。

五〇年代中，紐約股市發展順利，新興工業諸如電子企業，看起來更是富有想像力且前途無量。於是我用手上最後一點美元，購買了電子及類似的產業股，除此之外，還動用了所有的關係，借錢繼續買。

當時的美國總統是艾森豪，他是戰爭英雄，在美國民眾心目中的形象是完美無瑕的。美國民眾對總統的信任，是華爾街良好氣氛的重要原因，當時還面臨著一年後的總統大選，所有人打包票艾森豪會連任。整個華爾街都以此爲基石，爲什麼不在股市上利用總統連任利多消息呢？人人都持這種態度，我也不例外。

但這時卻發生了意外，一九五五年艾森豪心臟病發作，第二天紐約股市所有股票應聲齊跌了一〇%到二〇%。由於我是借錢買的股票，必須馬上拋售一大部分，這對我來說很痛苦，但在股票經紀人進一步要求擔保之前，這是「必須」執行的步驟。

美國民眾懷疑艾森豪參選連任的希望，繼而影響股市的表現。在這種情況下，所有膽小的人和借錢買股票的人，都要盡可能快快殺出，危機引發了連鎖反應。

幾天後艾森豪的健康狀況轉好，參選的希望又回升，股市平靜下來，行情又開始上漲，並且漲到比之前還高的水準。在後來的幾年裡，股票價格飆漲了十倍。但對我來說一切都太晚了。

如果沒有欠債，結局就不一樣了。那是一九六二年的二月，我又一次大批買進，這回是法國股票。不過這一回全部是以自有資金買入，當時正值法國和阿爾及利亞的戰爭期間，法國總統戴高樂本想放棄阿爾及利亞，但法國人民在這個問題上的態度不一，使他非常猶豫。這時，又發生了一件意外：四位法國將軍在阿爾及利亞起義，反對戴高樂，將軍們以此阻止戴高樂放棄阿爾及利亞，使巴黎籠罩著十分恐慌的氣氛。

第二天我沒去證券交易所，不想看到自己的股票向下沉淪。

結果我去了最喜歡的餐廳「路易斯之家」（Chez Louis，國際著名的捷克美食餐廳），是當時著名的影視新聞名人聚會的地方，我開始研究菜單，不去想股市。

碰巧一位同事來到餐廳，震驚地告訴我，股市發生了血腥屠殺事件，跟小說描寫的一模一樣。

「哦！」我十分平靜地享用午餐。

我堅信在這場權力爭奪戰中戴高樂會是勝利者。

對我來說，股市事件只有一天的壽命，會隨著時間被遺忘。如果去了證交所，說不定會出賣自己。而我能夠一天不去股市，在此享受美食，正是因爲我不欠債。股市令人不快的這幾個小時，我是在一家好餐廳度過的，股市收盤後的一個小時我得知，股市逆轉，人們又把損失掉的一半給收了回來。

晚上戴高樂發表著名的電視演講，呼籲法國公民支持，四位不忠的將軍最後放棄了計畫。一切都將被遺忘——不僅是政治，也包括股市，危機成了只活一天的飛蟲，多虧我擁有的不是借錢買的股票，我對恐慌氣氛有免疫力。

如果我借錢，思考邏輯也會變得不正常，大腦會因欠債的恐懼，作出完全不同的反應，違反自己的戒律，那麼將損失慘重。

我的基本要求是：**寧願以自有資金擁有少量負債累累公司的股票，也不要以貸款擁有一流公司的股票。**握有少量已付清的股票，才可以長期等待波段上升。大筆背了債的股票，會讓人稍有獲利便急急脫手。

我和同事有一次出於相同想法買了同一支股票，我以自有資金買了一百股，但他貸款買了一千股，我耐心地抱著這支股票兩年，得到二〇〇%的獲利。但我的同事在剛開始獲利後便急急拋售，因爲他欠人錢，必須萬分謹愼。

21 董事長的強力建議

股市不是科學，而是藝術，
需要那麼一點超現實主義色彩，
儘管有時得腦袋朝下、腿朝上。

幾十年前我的一個老朋友加爾（Ernst Gall）從蘇黎世打來電話，他當時是著名銀行朱里士巴銀行集團（Julius Bär & Co.）的人事經理和股票交易員，他一定要我買聖摩里茲紙業（Papier St. Moritz）股票。

「爲什麼？」「這無關緊要，會漲的！」那激動的聲音告訴我。我的好朋友雖然不能對此有所解釋，卻堅信不移。這時只有信任幫得上忙，我想，一不做二不休，就以每股一六二的價格買進了聖摩里茲紙業股票。

在放下聽筒的一瞬間，我忽然想起另一個老友，拉夏佩爾造紙廠（Papierfabrik

La Chapelle）的董事長赫萊爾（George Hereil），他曾是幾家著名大公司的董事長和克萊斯勒的前副董事長，何不就此請教一下他的意見。

我問他怎樣看這支股票？他的回答相當低調：「蘇黎世股市上的價格是架空的，那支股票本身價值不到四〇瑞士法郎，獲利前景不佳。投機者把行情炒得這麼高根本沒有根據。蘇黎世的人瘋了，這個價格的股票不值得買進。」他的口氣強硬，促使我仔細觀察了一下目前的情況，股市的價格確實是過高，董事長講得有道理。但我相信股市沒有極限，我自有安排。

我焦急地等到第二天，想給我在拜爾的朋友打通電話。「你眞是個膽小鬼，怎不多買一些，」電話那邊傳來聲音：「今天聖摩里茲紙業已漲到了一六五。」

能教訓一位銀行家讓我覺得十分有意思，儘管他是我的好朋友。我向他逐字複述了赫萊爾董事長告訴我的資訊，以及我自己的觀點。線路的那端傳來了憂慮的聲音：「科斯托蘭尼先生，我們現在該怎麼辦，再賣出嗎？」

「我們該怎麼辦？請你再繼續爲我買進聖摩里茲紙業。」長長的沉默，我彷彿看到這位朋友像一個沉悶的大問號一樣站在我面前。我補充道：「我只是想讓你知道，專家分析及內幕消息對我能產生多大的作用，即使是來自董事長。」

第二天在朋友定期的聚會上，我向大家講述了此一大膽的決定，他們也可以作證。然後我就把這件事給忘了。幾個月之後，我在《紐約時報》上讀到聖摩里茲紙業股票的消息，股價正從一二〇〇上漲到一四〇〇。我給蘇黎世的朋友打了通電話，高興地賣掉所有股票。

當他在電話裡告訴我已經成交時，我開玩笑地問他：「親愛的加爾先生，我的主意怎麼樣？」我這位朋友十分不悅地回答：「什麼你的，那是我的主意！」他講得有道理。

在此之後，聖摩里茲又升了一些，然後便從股市上永遠消失了，因爲英國的波瓦特公司（Bowater）高價接管了該公司。不久前我和赫萊爾董事長談及這段往事，開心地笑了。今天他也知道了當時不可能知道的內幕消息：波瓦特公司的秘密兼併計畫。他當時的分析是完全正確的，但分析家分析，交易所掌舵，**股市不是科學，而是藝術，像繪畫一樣，股票交易需要那麼一點超現實主義色彩**，儘管有時得腦袋朝下、腿朝上。不正是這類作品受到了上千人的欣賞嗎？我買進聖摩里茲時正是因爲那則壞消息。

22 皇家飯店神秘電報

這鬼使神差般到我手上的電報，
居然透露著令人心跳的內線消息，
但我也因此賠得血本無歸！

每到一個城市，我的第一個消息來源是計程車司機。在途中我問司機每天掙多少錢，生活費要花去多少，物價有多高，對內政、外交的觀點，對國際大事又有什麼反應等。一整天都會如此，我會不斷詢問遇到的每一個人。

至於每天的新聞，我早上七點開始收聽廣播，接收直接來自各國的消息，因爲這樣可以聽到不同國家對每件事不同的觀點。報紙在此就不贅述了。在讀報時，我有本事立刻發現對自己重要的新聞。**我對報紙上的新聞比對行情更感興趣，因為行情已是過去式，而新聞卻有可能成為明天的行情。**

毋庸置疑，**股市上的「消息靈通」經常是「毀滅」的代名詞**。三〇年代初我也有過這種經歷。當時我正在聖摩里茲過冬，那時的聖摩里茲是豪華和富有的象徵，擁有廳堂、酒吧和燒烤爐的皇家飯店（Das Palace Hotel）則扮演重要的角色。這裡是國際金融巨頭、花花公子以及知名人士的聚集地。

讀者會問我，我在這上流圈子裡做什麼？那是我學習和實習的年代，我學會了具國際水準的生活方式，贏得了至今仍十分管用的生活經驗。但這個小小的、多彩的世界，就像去年的雪一樣突然消失在地平線那端。當我今天走過皇家飯店的大廳時，往事依舊歷歷在目。在大廳的一角，我看到了汽車大王雪鐵龍（André Citroën），那時他還沒破產。在另一張桌子旁我看到了迪特丁男爵（Sir Henry Deterding），殼牌石油集團（Royal-Dutch-Shell-Konzerns）的總裁；一旁，他的競爭對手帝格（Walter C. Teagle），標準石油（Standard Oil）董事長，正在享用晚餐。兩位石油巨頭在流言之後，每年都要在這裡會面討論價格、市場、石油等問題。就像今天石油鉅子在國際石油組織大會做的事一樣。在距離他們兩步遠的地方，我看到了世界著名畫家凡東榮（Kees van Dongen）和名演員卓別林（Charlie Chaplin）。當然我的同鄉普列斯（Árpád Plesch）博士，出色的投機者和黃金準備專家，也從來不會缺席。另一邊，那同一把靠背椅上總是坐著沉思的曼海姆，他是那時期最有影響力的銀行家，出生於斯圖加特，是阿姆斯特丹孟德爾森銀行集團的總裁。作為當時重要金融中心阿姆斯特丹的地下國王，曼海姆自然給我留下了最深的印象：這個人身形矮小但結實，而且十分傲慢，很清楚自己的權力和作用。

我以私家偵探的眼睛盯著皇家飯店的這齣戲，分析臺上人物的姿態、心理。我很想聽他們在說些什麼，肯定不是在談論天氣！

藉由一次奇怪的巧合，居然滿足了我的好奇心。一天晚上，酒店的服務員敲敲我房間的門，遞來一份電報。我立即打開電報，電文確認在全世界買進好幾千股殼牌石油公司股票的交易（價格總值相當於好幾百萬荷蘭盾）已經成交。我不明白這是怎麼回事，翻到電報的背面，這時才看見收件人寫的是曼海姆。這樣的錯誤居然發生在皇家飯店！我的房間面陰，正對著曼海姆朝陽的豪華套房。直到今天我還能感覺到當時驚訝的程度，自己竟無意間掌握了聖人們的秘密。幾天之前我才發現亨利男爵和曼海姆在談話，當時我想，他們一定是在殼牌石油股票上作文章，看來我的判斷沒錯。

我叫來服務員，把電報原封不動還給他，試著將紛亂的思路理出個頭緒來。我當時是操作放空投機（這讓我成了皇家飯店的客人），出於經濟和政治的原因，當時正值股市大跌，我不看好、也不接受作多投機的種種建議。但這個鬼使神差巧合下傳到我這兒的消息，再也不會在生活中出現第二次。我真的接受了這個消息，買下殼牌石油股票。而從那一刻起股價開始下跌，跌到我買入價格的三分之一。這一跌，跌得我血本無歸。

我一直不知道他們兩個在皇家飯店大廳裡說的是什麼，我只知道阿姆斯特丹的孟德爾森公司在一九三九年由於醜聞破產，曼海姆股票交易帳戶負債累累。從這次經歷中，我得到結論：**偉大的金融家也可能是個糟糕的投機者**。

我的知心朋友佩克（Adrien Perquel）在一次午餐時告訴我，他曾經與世界最大石油公司之一的法蘭西石油公司（Compagnie Francaise）總裁，進行一次長談。總裁向他確認，法蘭西石油公司的股票價格（當時為每股一萬法郎）已經被炒得過高了。當時我有一大批這支股票。我焦急地等待隔天交易，一股腦抛出去。聽起來像是笑話，在我賣出之後的一個月，這支股票像火箭般直衝每股六萬法郎。

那可是內線消息啊！

我想，總裁先生的消息很符合實際，但就像我一再重複的想法：**內線知情的人不一定知道自己的股票在市場上的行情**。

當然也有一些時候，財金人士會故意散發一些誤導大眾的消息。下面的故事希望大家都能記取教訓。

法國有一家知名度很高的金融財團L集團，專門負責審查在巴黎上市的企業。該財團的董事長有一次語重心長地對我說，就長期而論，他對哈金森（Hutchinson）股票很樂觀。該公司將面臨重組，有新的資本……。但是，他補充提醒我，現在還不到買進的時候，他會在適當時機提醒我。

我到證券行向經紀人打聽這支股票的行情，得到了如下答案：該股在過去的時間裡從每股二五〇元跌到六〇元，現在這支股票乏人問津，市場上只有L集團是唯一的買主。原來他們在趁低價大量吃貨。

奇怪，我想，眞奇怪！那個金融家建議我暫時還不要買這支股票的。正因爲如此，我憑著多年的經驗立即購進該股。幾天之後，股票開始上漲，股價飆到每股三〇〇、甚至上了四〇〇，這時該公司被另一家公司接管了。我的內線消息是：在他沒有給我信號之前不要買。但這期間那個財團卻自己大量買入，等到他提醒我買進時，股價已漲到了三〇〇。我想大家自己可以評判這位知情人士是在搞什麼小動作了。

23 負負得正

最準確的內線消息在某些情況下肯定壞事，但一個「錯誤」再搭配另一個錯誤，反而是正確的消息了。

準確的消息在股票交易中的作用，可以從下面這段有趣的故事中看到。

那是戰爭時期的紐約。有個很熟的朋友十分激動地從證券行打電話給我，她已經在那家證券行泡了好幾天，希望能抓到一支肥股，再把它轉化成一件貂皮大衣或手鐲。幾年來她經常徵詢我的意見。

令我驚奇的是，她這回什麼也沒問，反而表示有一個「好建議」給我。她非常興奮地告訴我，她得到了一個極佳的情報。在第五大街一家豪華證券行裡，她碰巧（我想肯定是有預謀地）聽到金融界兩位重量級人士的談話。談話內容涉及某種叫做「冷杉木」的股票。她從談話中聽出，這家企業已度過危機，按照C教授的診斷會逐步「健康」起來，兩位先生對下幾週事態的發展抱持樂觀的態度。

這位女士請求我，在我所屬的交易所爲她買入這支股票，因爲她不想將買單交給自己的經紀人，她就是在他的辦公室裡偷聽到這次談話的。如果有人發現她偷聽了私人的隱密談話，會令她很不好意思。另外她也堅持要我買這支股票，有錢大家一起賺。

我願意滿足她的要求，但我在《紐約時報》和《華爾街日報》上找不到這支股票。終於，在股友的幫助下，我在一份登有不知名股票的冊子上發現一家公司的股票，但不叫「冷杉木」，而叫「冷山嶺公司」，是生產某種軍用小零件的廠商。冷山嶺的價格從過去的三〇美元降到五美元，大概遇到了什麼困難，而現在出現轉折的機會，可以慢慢恢復過來。

這種「大逆轉」（turn-around）狀態對投機者來說總是十分有意思的，那兩位竊竊私語的金融家所談論的，肯定就是這個問題。我把這一切都向朋友作了彙報，她才相信自己肯定是聽錯了，那不是冷杉木，而是冷山嶺。她再次如願買進冷山嶺股票。

我爲她下了訂單，但還是持懷疑態度。以前我曾提過，**最準確的內線消息在某些情況下肯定壞事**，我偏好採取與專家建議相反的決定。我沒花一分錢買這支股票。可惜呀！幾個星期之後這支股票漲到三〇美元，氣得我差點病倒。我的朋友則大獲全勝，新貂皮大衣有著落了。她請我吃大餐，並責怪我不重視她這麼好的小道消息。但我能說什麼呢？要嘛就行事有準則，要嘛就什麼都不要。

不過我對這家冷山嶺公司還是十分好奇。在長期觀察之後結論是什麼？一場眞正的喜劇。我的朋友聽到的那次談話完全正確，但談話所指的確不是冷山嶺，而是冷杉木。這冷杉木指的不是股票，而是約瑟夫．L．冷杉木先生。這位老先生病得很重，幾個星期以來一直處於彌留狀態。那次的低聲談話，是兩人在談論他的身體健康狀況，最終他還是安然度過危險期。C教授所說的「恢復健康」，指的也是他。

冷杉木先生的病情持續了幾個月，雖然教授態度樂觀，但不久他還是去世了。沒能利用這項錯誤的消息實在令我氣結。如果我知道這是一場了不起的誤會，肯定會接受錯誤的建議。**對我來說，每個專家的建議都是錯誤的，而錯誤的「錯誤」建議，則是正確的……負負得正。**

24 相信王子

有沒有可靠的內線投機消息？
那就相信王子吧！

有人問過我：「有沒有可靠的內線投機交易？」對此我可以講兩個故事。

我年輕的時候曾爲某家公司工作。客戶中有一位是賓根（Bingen），他是日內瓦的銀行家，同時也是法國傑出汽車商雪鐵龍的岳父。他透過我們不斷購買雪鐵龍股票。這支股票漲得很慢，但肯定會上去。誰能比賓根先生更了解雪鐵龍股票？我斗膽在經濟實力允許的範圍內，在雪鐵龍上投資了小小一筆。幾乎難以置信，雖然雪鐵龍在六個月前還付了五〇法郎的紅利，卻在六個月後宣告破產，破產後一分零錢都付不起。

這不是什麼內線消息，但整體上相差不遠。公司破產，雪鐵龍一窮二白地離開人世。後來人們知道，那不是企業體質或產品品質的問題，他們的車至今還是世界上最優秀的汽車之一。問題出在雪鐵龍的性格上。他是法國最有天賦的企業家之一，有想像力、樂觀、充分運用財務槓桿。只可惜他選錯了債權人。**（我經常想，債務人找到好的債權人，往往比債權人找到一個好債務人更重要。）**雪鐵龍也是愛玩擲骰子遊戲的人，週末到杜威爾去賭博。兩家貸款給他的私人銀行得知此事後，立即抽銀根，中斷了給他的貸款，而導致一家優秀企業的災難。

賓根先生不可能預見這一切，他向來非常佩服、欣賞這個女婿。我又怎麼可能預見這個結局？我只得接受這筆可觀的損失。

在我七〇年代的交易所生涯中，按內線消息進出受益了兩次，按內線消息反向操作也受益了兩次。但因內線消息而損失慘重則不知凡幾。

有一次我因內線消息受益。更準確地說，多虧得到了這項消息使我避免了一次大出血。二次大戰時我在紐約，對歐洲政府的債券很感興趣，尤其是對被德軍占領的債務國債券感興趣。在紐約交易所流通的丹麥王國債券也是這種情況，債息已經付了，但到期的債務能否償還仍是未定之天。丹麥政府的問題是，「付還是不付」。這利息爲六%的證券在交易所的牌子上標出了普通面值六〇%的市價，在未來的六個月裡將百分之百兌付。此一反常的貼現行情，簡直是無法想像，再加上債務國丹麥在美國銀行擁有大筆美元，就更加不可思議。

我已經在行情三〇：四〇時買了一小部分丹麥債券，現在的行情慢慢漲到了六〇：七〇，如果能在幾個月後在銀行以百分之百兌現，我現在爲什麼要拋售？金融世界裡什麼都會發生，投機者的胃口是無底洞。

我有一個鄰居叫波旁帕瑪（René de Bourbon-Parma），他是不久前去世的齊塔女皇的哥哥，也是丹麥國王的女婿。我給他提了一個建議，事後會付給他一筆可觀的報酬，他也欣然同意。我希望他去華盛頓拜訪丹麥大使，向大使打聽丹麥政府會不會在一九四一年十二月一日支付這批疑慮重重的債券。精確地按照事先約定的日期和時間，波旁帕瑪從華盛頓給我打來電話（準時是皇家的禮貌），他在電話裡說：「不會！」雖然丹麥國王不腐敗，丹麥人在美國有足夠的美元兌現債券，但也將爲此用罄所有的積蓄，而無力償付目前流通在外、日後到期的債券利息。丹麥還是會繼續償付債券六％的利息，但不贖回債券。

現在我可以用很好的價格拋售丹麥債券了，在到期前的一個月，債券不停地升值，甚至達到了九〇法郎。我鼓起勇氣全部拋出。出乎意料的是，行情仍居高不下，我甚至開始懷疑王子了。但沒過多久，《紐約時報》宣布了一項消息：「丹麥政府懷著沉重的心情，萬分抱歉地通知所有債券持有人……。」剩下的就是我從王子那裡得知的消息了。債券下跌到面值的四〇％。這所有的一切都是拜內線消息之賜。

25 國王的搶錢伎倆

為了放空股票，尼基塔決定向土耳其開炮，
掀起了巴爾幹戰爭。

正如人們看到的，**政治和股市是攜手相連的**。有部分掌握政治秘密的人試圖利用這些秘密，其實一點也不足爲奇。

例如在今天的華盛頓，就有上百位「聯繫人」，企業不惜重金禮聘他們從某一部門或其他國家機構獲取情報。同樣，在華盛頓的沙龍、在名人聚會的場合，上百的股票商豎起耳朵捕捉大官員吐出的隻字片語。第二天他們跑到交易所，把聽到的建議付諸實現。這種小道消息很多，但大多數都會誤導判斷或有錯誤。

如果能賺錢，每一種伎倆都是可行的。一種無形的力量驅使著人們去賺錢，而有什麼比投機生意更容易獲利呢？尤其是不費吹灰之力便可改變命運時。

爲達到這一目的，每一種方法都是被允許的：貨幣操縱、貿易協定、各種法令、國家甚至國際準則、沙龍間諜、美人計，必要時甚至還有武裝衝突。**眾所周知，投機生意經常發戰爭財。但誰會想到，戰爭有可能是一次投機生意的結果？**

一九一二年，一群分屬不同民族、王國和宗教的人共同在巴爾幹半島上生活。終於，四個巴爾幹國家聯合起來，對付共同的敵人土耳其。希臘、塞爾維亞、蒙特格魯（今南斯拉夫）和保加利亞這四個天主教國家，訂立了軍事盟約，反對奧圖曼帝國。

一九一二年的春天充滿了火藥味。位於亞得里亞海邊，面積只相當德國一個行政省的蒙特格魯王國，有一位統治者，對他來說股市投機是生存問題，他的國庫長期空虛。他就是尼基塔國王（Nikita）。

爲了給自己的小小開支掙一點零花錢，他用了一種雖不高雅卻十分巧妙的方法。在國與國之間有一種郵政結算法——國際訂單分十二個月記帳，然後在年終一起結算。尼基塔國王向世界各地一些根本不存在的稻草人，寄去蒙特格魯的郵政訂單。郵局支付了訂單上的數目，逐月把帳記在蒙特格魯國的帳戶上。尼基塔國王的稻草人坐收其利。後來帳單寄到蒙特格魯當時的首都采蒂涅（Cetinje）時，尼基塔國王透過郵電部長宣布，他已無償債能力，申請延期清償。騙局成功了，連嚴厲的約瑟夫皇帝也不得不大方一回，把他陷入困境的盟友欠皇家帝國郵局的帳一筆勾銷。

在我青年時期流傳著許多尼基塔的故事。其中有一則故事尤其令我深思。

一位原住民的美國商人和百萬富翁遊歷巴爾幹地區，來到了蒙特格魯。尼基塔國王設盛宴款待他。

宴會後，國王和客人來到皇宮的陽臺，向聚集在皇宮前小廣場上的臣民致意。受到這樣排場盛大（和國王一起站在陽臺上接受群眾歡呼）的感動，客人從兜裡掏出金幣撒向群衆。他對這場表演十分得意，於是轉向國王希望得到一個認可的微笑。他向左看，又向右看，但國王從陽臺上消失了。

找了幾回後，他在人群中發現了尼基塔，他正貪婪地同民衆搶金幣。

這個小小的故事至少很傳神地反應了當時的氛圍。

爲了應付龐大開支，國王運用了其他的伎倆，開始玩起股票。他分別給維也納的銀行老闆萊茲（Reitzes）兄弟、巴黎和倫敦的銀行老闆羅森柏格（Rosenberg；三○年代作股市學徒時我認識了他），傳遞有關巴爾幹秘密政治的「消息」，一起在股市得利。

一九一二年九月的一個早晨，維也納萊茲銀行裡來了一位尼基塔國王的特使：他的親生兒子丹尼羅王子（Danilo；他是雷哈爾（Franz Lehár）筆下的維也納輕歌劇《風流寡婦》中英雄的原形〉。王子帶來了一項緊急消息。在同一個早晨，另外一位特使把同樣的消息帶給巴黎的銀行老闆羅森柏格。

「全部賣掉，全部放空，」國王寫道：「與土耳其的戰爭指日可待。」

羅森柏格和萊茲在所有的交易所爲國王、爲自己，也爲一些好朋友拋售持股。他們向維也納、法蘭克福、巴黎和倫敦的交易所放空塞爾維亞、土耳其、保加利亞等各式各樣的計息債券。兩位銀行老闆也對俄羅斯的證券投入了大筆的放空投機，當時這種證券正活躍於巴黎和聖彼得堡的交易市場。

事態最初的發展證明了尼基塔國王的資訊。土耳其在邊界聚集軍隊，巴爾幹的四個盟國也在十月一日以戰時動員作爲回應。股市以暴跌表達其強烈反應。然後法國和俄國通過條約結成聯盟，雙方達成共識，避免巴爾幹地區一切危機的發展。事態還沒有成熟到爆發全面戰爭，那要一直到一九一四年才發生。

沙皇尼古拉（Zar Nikolaus）和法蘭西共和國總統普安卡雷阻止巴爾幹的所有邊界行動，從而也解除攻擊土耳其人的可能性。普安卡雷總統親自爲馬塞多尼亞的改革作擔保。人們相信，戰爭眞的過去了。股市又出現了大幅度上漲的反應，尼基塔國王各銀行的老闆感到很不舒服。他們的國王難道錯了嗎？

普安卡雷總統的干預，眞的讓市場又重新站起來，並使放空投機的人蒙受巨大損失。這回羅森柏格和萊茲收到了一份電報，電文如下：「不要急，繼續賣出，尼基塔。」銀行老闆個個照辦了。他們全拋售，但還是感到十分不安，儘管國王保證巴爾幹鐵定會爆發戰爭。

十月十八日蒙特格魯的第一發炮彈射向了庫塔里，亞得里亞海邊一個土耳其的港口小城。蒙特格魯無視大國的明確決定，向土耳其宣戰了。盟約的義務起了作用，塞爾維亞、希臘和保加利亞被迫加入戰爭。

股市行情開始下滑。俄羅斯、土耳其、塞爾維亞、保加利亞的證券跌入低谷。尼基塔、羅森柏格、萊茲及其同僚大獲全勝。人們也許會提出這樣的問題：如果尼基塔沒有下令開炮以獲取股市暴利，可以避免巴爾幹戰爭嗎？歷史留下了許多疑問，六〇年代以來一直在民間流傳。

在我家裡，這段歷史尤其經常被提起。我不只一次聽媽媽說：「巴爾幹要是早宣戰幾個星期，奧斯卡叔叔和他的兒子就是百萬富翁了。（一次大戰前的百萬富翁！）」

我叔叔當時是國際投機商，他在所有的交易所作放空投機（希望巴爾幹戰爭爆發），筆筆都是大手筆。在那些眼看就要避開戰爭黑暗的日子裡，匯價飛漲，他必須承受巨大的損失償付放空生意，結果毀了自己。

教訓總是一樣的：**一個沒有耐力的投機者雖然有理，但永遠為之太晚**。

26 五〇%的大師

任何人都有五〇%的機會成為預言大師，因為股市跑道上只有兩個參賽者：漲勢和跌勢。

我經常在報導股市的無稽之談中找到笑料，例如：「今天的股市由於投資人大量拋售而更加疲軟，悲觀人士對進一步的發展不抱太大希望。買入者持觀望態度，因爲他們在等待更加疲軟的股市。在這種不良氣氛和拋售的壓力下，行情肯定還會再跌。」

這麼多話裡只有第一句還算有趣，其中有五個字比較重要：「股市更疲軟」，其他的都是不言自明，因爲「更加疲軟」已經說明了一切。當然，也有程度上的變化：疲軟，更加疲軟，非常疲軟。

這種單調的評論居然出自大師之口，讓我感到可笑。例如美林證券的分析家，深受歡迎的華爾街觀察家法雷爾（Robert Farrell），在一次股市技術性評論中作了如下敘述：「股市有可能正要形成一個週期性的頂部，在此之後會緩慢下滑。但也有可能繼續上漲，並出乎意料地保持高的水準。」他的話比那句農民諺語更沒意義：「如果公雞在糞堆上啼叫，天氣會變，或和以前一樣。」這使我想起摩根（John Pierpowt Morgan）的話。一九〇七年華爾街危機期間，一位記者問他對未來的發展有何預測，他言簡意賅地回答：「股市會起伏波動。」他是開玩笑的。我想用巴黎市徽上的話補充：「它搖擺，但不墜落。」當法蘭克福的猶太人問著名經師馮福特，請教股市的發展趨向時，他也以電報的方式不加任何標點符號地作了相似的回答：「買不賣。」

更糟糕的是，全世界最有名的股市大師，年輕的普雷希特（Robert Prechter：編注：悲觀熊市主義中最悲觀者）的預測。他透過股市信件和著作傳播艾略特威倫理論（Elliott-Wellen-Theorie）。在我眼裡，這個理論和無聊的預言一樣。他建議放空股票。行情依然在漲，但幾年來他一週接一週地重複著這個理論，結果他的讀者一週接一週地輸掉了所有積蓄。

我又怎麼能忘記偉大的格蘭維爾（Joe Granville）呢？他在德國短期內便擁有上千的追隨者。十年前當道瓊斯指數還在七〇〇點時，連祖母們也得到他的指令，以指數四〇〇的跌勢操作投機，按他的分析這一指數是不可避免的。但道瓊指數沒有降到四○○，而是升到了三○○○○以上。格蘭維爾居然放肆地聲稱，他的預測將獲得諾貝爾獎。人的愚蠢可以這麼漫無邊際嗎？

一位叫歐立穆勒（Kurt Oligmüller）的人也一樣，在格拉柏發明了黃金切割理論，藉由這套理論，他要以最高的精確度估算未來的行情，同時他也是格蘭維爾的追隨者，因而失去了所有的錢和客戶——並偕同夫人一起自殺。

我還必須提到利息大師考夫曼（Henry Kaufmann），他總是在聯邦準備銀行的決定之後，發表利息預測，這工夫有什麼難？每個學徒都能做到。著名的所羅門兄弟公司（Salomon Brothers）用大量金錢和公關造勢把自己撐起來，以便日後發表分析，從而把證券市場引向某個方向。幸運的是，他今天早已被人遺忘，但肯定不會被那些因他預言而損失錢財的人們遺忘。幾年前他極受歡迎，聲譽鵲起，甚至聯邦銀行也向他諮詢。

每一項預測都有五○%猜中的機會，因爲股市的跑道上只有兩個參賽者：漲勢和跌勢。說到大師們在電腦的幫助下，預測影響發展趨勢的因素，我總想起一次有人這麼問我：「如果船身長二十米，寬五米，深四米，那麼船長有多大年齡？」

我自己作了精確計算，但是我不能發表這個結果——船長或許會受到侮辱。

27 神經脆弱的鋼鐵商

手裡有股票擔心跌，手裡沒股票又擔心漲，
這種心態下，「遊戲者」便誕生了！
他遊戲、他獲利、他損失，永遠不死。

股市也會令人上癮：因爲那裡有一種十分特殊的氣氛。人們在這激烈的戰場內所呼吸的空氣，猶如毒品般會教人上癮。我認識很多人，因爲巧合來到股市，卻再也無法離開。有這樣一個笑話可說明。

一九二九年紐約股市危機之後，成千的股市專家徹底破產了，必須另謀出路，甚至不值錢的差事。兩位以前的股市同事碰到一起，一個問：「你現在做什麼？」「我爲一家公司推銷牙刷，你呢？」「我只告訴你一個人，」他回答說：「我還一直在交易所，但是我夫人以爲，我靠彈鋼琴賺錢。」（這總比作股票商要強。）

我有個朋友上了股市的癮。他在鋼鐵部門工作，曾在韓戰期間作了幾百萬的生意。用勤勞和汗水掙錢而引以自豪，在他眼裡，我們這些股票人是遊手好閒的懶漢加經濟寄生蟲。他這樣想我很能理解，儘管我肯定不會爲從未工作卻過著悠閒舒適的生活而感到羞恥。於是在朋友圈裡我們總愛開這個朋友的玩笑，稱他爲「賣鐵幕的人」。我警告朋友：韓戰不可能永遠持續，總有一天他會爲能把自己乾乾淨淨掙來的錢投在股票上而額手稱慶。另外還提醒他，戰爭很快會結束，他應該事先熟悉一下行情。

第二天他來找我，考慮了我的建議。他給我紙筆，讓我列出他可以試買的股票清單。他不想投機，只是想湊湊熱鬧。我首先寫給他德國揚格（Young）債券，其次寫下南非鑽石廠戴比爾斯（De-Beers）的股票，然後還有一些美國藍籌股。事後證明這份清單非常奇妙。揚格債券不久就上漲了一百倍，戴比爾斯漲了十倍，其他的也極富潛力。

第一次購買行情就順利發展，造成朋友不斷地加購股票。在紐約、在歐洲，甚至在澳大利亞，開始他用現金購買，後來流通量加大，最後他也以融資購買。交易進入高潮時他發現，一天比一天嚴重的股票赤字，已高達約當家產的五倍。隨後股市愈來愈緊急，差距愈來愈大。我的朋友無法承受這個刺激，在一個燦爛的日子，在股票會議上（也許戴比爾斯正跌了幾點），他突然精神崩潰，被送進了醫院。

家人緊急召開了家庭會議，決定結束一切的投機，賣掉所有股票，他的全部財產現在已不在搖擺的股票上，而是以現金形式躺在銀行裡。在這位朋友接受睡眠療法漫長的幾個月裡，股市大亂。那是一九六二年春天，全世界股市暴跌。我的朋友出院時，行情降到了最低點，他卻很坦然，彷若重獲新生般地微笑著。睡眠療程救了他的財產。他用貸款買來的股票如果沒有拋售，那才眞是萬劫不復。我的良心也是純淨的，雖然是我把他引到了股票遊戲中，但是，**結局好，一切都好……**。

但一旦染上股市熱，可是沒有那麼簡單的。手裡有證券時會擔心跌，手裡沒證券時會擔心漲。我的朋友就是如此永遠放不下一顆心。我的警告無效，他又開始買進……。

雖然我蔑視股市寄生蟲，那些每天都殺進殺出的遊戲者，但我承認沒有他們，股市就不成股市，沒有股市，資本主義就不能存在。因爲寄生蟲愈多，成交額和成交量就愈大，對投資者的保障也愈高，隨時能夠在流通市場上大批賣出股票。

如果用一句話概括投機的歷史，我會說：「遊戲者」誕生了。他遊戲、他獲利、他失敗，永遠不死。

我深信，每次對股票和股市深惡痛絕的股市憂鬱症之後，都會出現一段遺忘時期，所有過去的傷痕都被遺忘，人們又像飛蛾撲火般受股市的引誘。**首當其衝的誘餌是金錢。**

走火入魔是傻瓜？也許這樣更好。如果沒有傻瓜，這個世界和股市又會怎樣？沒有傻瓜哪兒來的股市獲利呢？

28 股市晴雨錶

這隻晴雨錶：天晴示雨，天雨顯晴，
後來才發現，它顯示的竟是「華爾街的天氣」！

我常常寫到交易所的參觀者和遊戲者，並對他們有過尖銳的批評。全世界的這類人都有一個共同的特點：他們總是透過自己的股市鏡片看待每一件事，這有時甚至導致思想退化。對他們不利的政府規定或官方決定，他們會立即判爲專制、不道德或者違反全民利益。而當這些決定與他們同流合污時，便會稱其是說聰明、道德、符合全民利益。

只要和股票商談論世界大事，我馬上可以從他的觀點得知他做了哪些股票交易。投機者在每一個股市行情裡看到的只是國際、政治或金融事件的反射。僅以股市的趨勢爲支點，便堅稱自己能正確預測國際政經情勢。對他們來說，股市不像多數經濟學者說的是溫度計，甚至是一個晴雨錶，它能預知經濟和政治的未來氣象。

我也有一個晴雨錶，但完全是另外一回事……。

其他人把股市當作晴雨錶，但我有一個能測股市的晴雨錶。事情是這樣的：

華爾街最後一位銀行王朝的成員摩根死後，他的私人物品在紐約拍賣。在那許多的貴重物品中，如蛋白石、鑲金的小木盒、嵌有鑽石的小擺設，還有玉和水晶。但其中有一件鋼製的小東西引起了我的注意。

我那時還是華爾街的新手，對摩根的聲望印象極深。我很想要一個小吉祥物，這一小塊鋼是我唯一能買得起的東西，它就是摩根的晴雨錶，一直放在他華爾街二十三號小宮殿裡的辦公桌上。那座宮殿還顯示著炸彈爆炸的痕跡，那是一個復仇投機狂扔的。

花了三十美元我成了晴雨錶幸福的主人。我像摩根一樣，把它放在我的辦公桌上。幾天之後我必須確定，它的反應是錯誤的。當它顯示「晴朗」時，天氣則變壞；下起傾盆大雨時，它卻堅定地顯示「穩定」。它的反應眞的不對。

在發覺了這一偏差後，我馬上試著去解釋它。從中我發現了非常特殊又神奇的事：這個晴雨錶當然是顯示天氣，只不過是華爾街的天氣，這是一個股市晴雨錶。誰知道，也許這裡面藏著摩根銀行的秘密？

我爲了自己的發現而陶醉，很快向朋友們講述了這個故事。他們非要把這一奇蹟盡快散布出去。一位資深記者報導了這件事，他是《紐約時報》最著名的專欄作家。持續幾天之後，我成了名人。但聲譽是會過去的。電報和信件雪片般地飛來，都在問我：「晴雨錶顯示著什麼？」從那以後，我把它當作寶貝珍藏起來。到現在它還一直運轉良好……。

不久前有個人寫信給我，他無法解釋我的魔力晴雨錶怎麼會有如此任性的表現。我現在只能希望，他能馬上找到這個謎樣的答案。

29 情人的鑽石項鍊

在同一買賣中，作多和放空者會承受相同的命運：破產！

布達佩斯也有過爭吵……那是很多年以前，但它是布達佩斯交易所特有的故事。

「匈牙利薩拉米股份公司」（Mailänder Salami）生產的著名香腸，是米蘭薩拉米香腸的競爭產品，至今還在匈牙利的出口業中占重要地位。由於該公司生意興隆，人們開始急切地在股市上以這家公司的股票投機，一直到行情從五〇滾到三〇〇。對這個行情覺得「可笑」的一組投機者，決定成立放空壟斷集團。這批人堅信，上漲的行情會馬上變盤，薩拉米香腸雖有金字招牌，但不配有這麼高的股票價格。這想法完全合乎邏輯，但不合股市法則。

簡單說，行情下跌是出於一個與邏輯沒有任何關聯的理由。但是很久以後，這次聰明的投機之父，捲入了一場眞正的世俗鬧劇。

她魅力無窮並賣弄風情。

她的丈夫是布達佩斯著名的銀行家，也是經驗豐富的股市遊戲者。

第三者，她的情人，也是一位富於激情的投機者，碰巧是壟斷集團的頭頭，只等著薩拉米股價的下跌。

她幾個月來經常留連布達佩斯購物街那家大珠寶行的櫥窗，非常想得到裡面那條絕妙的鑽石項鍊。第三者願意把它送給她，但是她怎麼才能向丈夫解釋？於是兩個人決定要一個小花招。

在請求丈夫送給她這條鑽石項鍊之前，她已悄悄到珠寶行預做準備。她的情人，要付這條鑽石項鍊價格的四分之三，這已是很大的一筆數目，然後再把首飾放回到展示櫃，等待第二個買主——丈夫的到來，再對他開出另一個價錢：原價的四分之一。在這樣一次降價的購物中，他肯定會毫不猶豫爲夫人買下這條鑽石項鍊。

她向丈夫暗示自己的生日即將到來，以及珠寶行降價的機會。

丈夫覺得有點奇怪。「這麼便宜的鑽石！我不喜歡賣不出去的貨。用特價給你買生日禮物，不是我的風格！」

儘管如此，他還是去了珠寶行，而且覺得鑽石項鍊和價格都非常符合他的品味：他付了現金，揣起首飾得意地走了。「一切如願。」珠寶商立即電話通告他的女顧客。

日子一天天過去，丈夫悠然自得。她焦急等待著那條鑽石項鍊，卻始終沒出現，最後禁不住私底下進行偵察。鑽石項鍊沒有離開這個城市，只是在另一個女人的脖子上閃閃發光，那女人是布達佩斯最漂亮的歌劇演員。

事情傳出後成了全城的笑料。這折磨還不夠，丈夫決定懲罰不忠的妻子，以維護名譽，並除掉對手！為達目的，他選擇了比決鬥或手槍安全得多的武器，他要以操縱股市的方法進攻……對手的要害之處是「薩拉米」，對方在上頭有很大一筆放空投機。在這種情況下，股市上針對放空投機者經常使用的戰術叫「Corner」（壟斷）。

在期貨生意中，作多者買入，卻不馬上取貨；放空者賣出，卻不馬上交貨。如果作多者能設法以期貨方式買下比實際數量更多的股票，那麼放空者就會感到喘不過氣，因為他們不能及時察覺自己賣出了比實際還要多的股票。一旦到了到期日便交不出貨，作多那一方就必須以斷頭的價格購買尚缺的證券。

受害的丈夫蒐集了所有上市的「薩拉米」。價格從三〇〇漲到一〇〇〇、二〇〇〇最後到了三〇〇〇。資金用完了，他到德國借錢，繼續買進。

在到期日放空者必須向對手的條件低頭，這些條件代價驚人。

丈夫的勝利為時不長。他和銀行損失了更多，因為他們逞一時之快，為了一種證券而付出高於實際價值十倍的金錢。當他們無法脫手沒人要的「薩拉米」時，不得不關帳。結果兩敗俱傷。

這個故事告訴我們在同一買賣中，**作多和放空者會承受同樣的命運：破產！**

事後，故事主人翁分散各處。珠寶商還在紐約麥迪遜大街的商店裡賣了好幾年鑽石項鍊。大約二十年前我在聖保羅遇見了那位大方的情人，當時他仍在投機。而那位因自己的錯誤而破產的復仇銀行家在巴黎自殺了，他的夫人則死在義大利。歌劇女演員可能還生活在好萊塢，她失去了嗓音。而那條項鍊呢？消失在風中！

30 女人與股市

股市是男人的戰場，男人是女人的戰場；男人從股市上得利，女人從這些利益上再得利。

經常有女士問我，女人必須了解什麼有關股市的事？其實不多。**股市是男人的戰場，女人更應該要了解的是，在股市上遊戲的男人；男人們從股市上得利，而女人從這些利益上再得利。**股票族花錢大方而輕率，因為在股市上賺錢有時是容易的，容易得使人有興致用鈔票點雪茄菸。如果有這種幸運的人，他根本不會想到，**這種不費力氣賺來的錢經常只是「借來」的錢，因為在下一次的驟變中經常必須全數繳回。**

用這種輕易得來（但不是掙來）的錢，讓我們這群股票族大部分愛獻殷勤，而老是把錢花在女人身上。

如果行情上漲，我們又從一片漲聲中得利，那麼大夥的女朋友日子就好過；但如果幸運輪盤轉向行情下跌，首先受苦的是家裡的糟糠之妻。

究竟什麼是上漲和下跌？我的一個老朋友對此作了最好的回答，當時他兒子向他提了同樣的問題，他回說：「兒子，上漲是香檳、魚子醬、汽車、美女……，而下跌，我的寶貝，是一杯啤酒、兩條香腸、公共電車、你的媽媽。」

我不認爲哪個經濟學家曾對上漲和下跌、經濟枯榮，有過更貼切的定義。但也有一些股票商，他們專作下跌行情的投機。聰明的女人應該隨時找個放空投機者做情人以防意外，那麼就可以保證優裕生活無虞。

股市運氣變化之快就像風向球，即使最聰明的投機者也不能永遠清楚它什麼時候轉向。女人知道這一點很好。男人的精神狀態與行情平行發展，只是在艱苦時期女士們要耐心等待，豐收之年肯定會再來。

女人的表現對股市遊戲者相當重要，很多投機者失去了耐心而失去錢，只是因為女人在艱難時期不理解他們。

不，做爲一個投機者的妻子或情人是不容易的，股市甚至決定了日常生活的氣氛。假期、新車和皮大衣經常瞬間化爲烏有，只是因爲行情沒有像人們所希望的那樣進展。

有的男人在一天緊張的工作過後，願意用半隻耳朵傾聽妻子的輕聲囉嗦。但是股票商不同，他們需要辨證、討論和說服，彷彿在他們面前的不是妻子，而是客戶。

但是即使沒有「股市技術」的基本知識，女人們也可以從股市獲利，維拉・卡門（Vera Kalmán）就是一個例子。

直到今天我還記得和好朋友艾莫理希・卡門（Emmerich Kálmán）的一次長時間通話，他不僅是維也納歌劇界名流，對股票交易也有極大的興趣。

在這次巴黎與維也納之間的通話中他問我，爲了給他妻子維拉在卡地亞降價銷售時買一顆鑽石，而賣出價值十萬美元的股票（按今天的購買力相當於二十五萬美元），這從儲蓄角度上是否正確？

我只能有一個答案，因爲一小時之前，維拉也從巴黎打來電話，請求我建議他丈夫接受這次的「投資」（理由是她所有的朋友都有漂亮的鑽石，只有她沒有），幾天之後，這只戒指點綴在美麗維拉的纖細手指上。

從理智上看，保留IBM或全錄（Xerox）的股票更好，但是人們當然會問，占有這一罕見的戒指，戴上它並展示給朋友的享受，是否比一次交易所的盈利更重要。

另外我有經驗，對一個男人來說，他的妻子或女朋友對寶石、皮大衣等感興趣，會比對銀行帳戶感興趣的危險小得多，因爲後者是個無底洞。

戰後我有幸在瑞士碰見了我在音樂王國的偶像，史特勞斯（Richard Strauss），並成了他的朋友。我們經常一起吃飯，我貪婪地等待能夠聆聽大師有關音樂的隻字片語，一切總是徒勞，我們只談錢，他的妻子包麗娜想知道有關股市的一切。

股市之謎吸引著人們，下面的故事在我看來十分典型。我來自布達佩斯的好朋友亞若斯（Janos H.）是個文化及文學界的重量級人物，爲想讓他高興一下，請來了我的鄰居朋友，法國作家和龔固爾文學獎得主M.C.，同時也是藝術評論家，在美國擔任法國文學教授。我本來想在法國人面前炫耀我的匈牙利朋友，可惜計畫的文學交流沒有實現。因爲我的貴客用有關電子、油價、貨幣和貨幣市場的問題，結結實實給了我一番狂轟濫炸。我可憐的朋友亞若斯一句話也插不上。他悲傷地坐在桌旁，文學午餐泡湯了。

我承認自己的名聲。所以我警告所有好客的女士們，如果你們有意接待藝術家、作家或其他靈魂高雅的人士，就不要再邀請我，我在場就會破壞氣氛。

31 傻瓜、吝嗇鬼、鳥兒和潮濕的腳

股市是一個多彩的世界，一片熱帶雨林，是對失敗者殘酷的弱肉強食世界。

七〇年代以來，我生活在截然不同的大觀園，大觀園裡有形形色色不同的人，有貴族、知識分子、小騙子和大盜，有巨富和像教堂老鼠一樣的窮光蛋。那麼股市上呢？不是每一個在那裡出沒的人都是「投機者」（我的意思是，人們不能濫用這個定義），有各種不同的股票族，有懂股市藝術的博士，也有一日甚至一小時的股市遊戲者，有業餘愛好者、半業餘愛好者，也有陰謀投機者等。

隨後還有整個技術裝配大軍：銀行家和行員、仲介人、代理和助理代理，以及不像財產管理、更像吸塵器推銷員的破產投資顧問，還有整群藉由股市討生活的人，各種委員會、佣金、仲介費等。

但最重要的角色是「作多傻瓜」、「放空吝嗇鬼」和其他的「鳥兒」，他們共同組成了一個世界，我七十年來一直在此出沒。在如此長時間的經歷累積，我允許自己開一點股市動物學的玩笑，當然我自己也會包括在內，運氣好的話，年輕人可以從中得益。

股市是一個多彩的世界，一片熱帶雨林，對失敗者是殘酷的弱肉強食世界：專家之間占統治地位的是長期的鬥爭和兩黨制，有放空者和作多者，或者像盎格魯薩克遜人的描畫——熊和公牛。

公牛是投機者的化身，一馬當先衝在前頭，用牛角把一切頂向高處，當然首當其衝的是行情。放空者是獵人，他在射到熊之前就賣出熊皮，他有可能射不到熊，這時就必須付出代價，把過早賣出的熊皮買回來。

在全世界的股市中，公牛不喜歡熊、熊也不喜歡公牛。他們的人生觀截然不同，沒有哪個經濟或政治事件能使他們有相同的見解。放空者對每項消息都持悲觀的評論，作多者卻發展樂觀的解釋。

只要和股票商交談個十分鐘，我就能不提半個股市專有名詞，說出他是放空者還是作多者，我快速「股市心理分析」可以立即派上用場，因爲當兩個股票族相見時，彼此不問「您怎麼樣」，而是問「您怎麼看市場」。

放空者是一隻特殊的鳥，有不同的動機。一個非常典型「聰明的放空者」的代表是里昂（Victor Lyon），在股市圈裡通常被稱作「吸血鬼」。里昂一直努力透過秘密資訊，得知股市的融資額度，一旦出現上億的資金投入作多投機時，他當然會加入放空遊戲。里昂的作法不斷驗證，市場技術是成敗的決定性因素；當所有的證券掌握在「無力的手」中時，一定會發生危機。他一直是正確的，里昂習慣說：

「行情下跌的一天內我掙的錢，比行情上漲的三十天掙得的還多。」

也有其他操縱股市的方法，比如拋脫被哄抬過高的股票。

在戰爭之前，法國被分派扮演了垃圾桶的角色，所有可疑的股票，探空的礦山、乾枯的油井、不値錢的國家債券，都被勸誘賣給法國的儲蓄人，肆無忌憚的金融商爲此發了橫財，「吸血鬼」是其中之一。

吸血鬼的方法是這樣運行的：比如任何一個倫敦金融財團想在巴黎出脫一種礦業股票，吸血鬼以大約二〇先令的低價買進三十萬股，再以二二先令的價格期貨購買十萬股，又以二十先令的價格購買十萬支期貨股票，即每十萬支漲兩先令。然後他在倫敦交易所小批購買同一支股票，但大作聲勢，然後與金融財團達成協定，不讓新的股票上市以破壞他的哄抬，他就這樣把行情作高。

如果股票漲到約五〇先令，就可以成功地在巴黎交易所開盤。吸血鬼在銀行和小道消息及新聞媒體的幫襯和支援下，將全部資金貸入了法國的金庫。

不用說，行情在操縱之後直線下降，有時跌到零。公衆承受了最大的損失，而吸血鬼卻被授予榮譽騎士勳章，死後在瑞士銀行秘密留下了至少一億五千萬的財產，這在當時是天文數字。幾年之前我才聽到了一則有關「吸血鬼」的有趣故事。戴高樂的前內政部長佩雷帝（Émile Pelletier）先生告訴我，在他出任巴黎及周邊地區省長職務期間，吸血鬼曾經拜訪過他，並給他提了一項建議，他願意捐獻自己蒐集的絕妙畫作給巴黎市，條件是在其有生之年，將巴黎的一條街道以他的名字命名（當然不會叫做「吸血鬼街」，而是用他的本名）。

可以想像，佩雷帝先生禮貌但堅決地拒絕了這一建議。原因很簡單，因爲巴黎還沒有哪一條街是在某人（包括戴高樂在內）有生之年以他的名字命名。正如大家看到的，有些金融家成功的時候最缺乏基本的整體觀念，即使被稱作吸血鬼或割脖漢也不例外。

這難道不會使人聯想起基金經理的追名逐利嗎？他們生活在華麗的城堡中，乘著私人飛機四處製造噪音，同時也毀掉百萬的平民百姓。

這類金融家總能夠聰明地躲開法院和警察。

除了靠思考而投機的「聰明人」，還有一種心理學放空者。這類人搞不清楚某一種證券的價值是否過高或過低，也不關心這些，之所以決定放空，純粹是出於（個人）心理因素：比如過於看重裝在兜裡的現金。而一個因爲胃病而總帶著壞情緒的人，永遠成爲不了作多者。

我在股市的第一個客戶就是這種放空者，股市議員賀夫曼（Gustav Hoffmann），我父親的好朋友。賀夫曼雖然自稱爲銀行家，但他唯一的客戶大概只是自己，他原則上只作放空遊戲。有一天他到巴黎來，我把他帶到交易所以便給他解釋一些東西。他問我某支股票的價格，我把行情告訴他，他立即回答：「太高了！這是一個輕率的價格！」有關賀夫曼還有這麼一段小插曲。布達佩斯的股票市場正經歷著火熱的作多運動，一位交易所的同事看到賀夫曼站在交易所大廳的角落，幸災樂禍（因爲每個人都知道他在做大筆的放空生意）地問他：「您怎麼猜想，這些年輕人（他在這裡指的是那些貪圖享受的作多者）每天都以作多贏錢嗎？」

賀夫曼只瞥了一眼，對他來說是動用龐大資金的哄抬操作，然後作出了帝王般的回答：「這根本沒關係！所有這些錢還是會回到我這裡來，我失去的只是時下年輕人在香檳酒和女人身上的花費。」

公牛和熊在物質利益上也同樣對立。鬥爭的發生並不取決於兩者的實力，而是取決於許多政治、經濟和心理因素，取決於不同種類、不可預見的事物。

公牛不能想像行情也會下跌，行情的上漲對他們來說是自然的常態現象。作多傻瓜倒更能在股市下跌時承受損失，這比股市上漲他們不在場而錯失盈利要強。反之，熊卻以反常的渴望尋找痛苦，尋找的卻是他人的痛苦，這也是事實，因爲他們只能在其他人因行情下跌承受股票損失的時候賺到錢。而作多者多虧企業成長，才能從較高的行情中獲利，不爲此傷害他人。但放空者是在別人的嘆息中慶祝勝利，憑我的經驗一百名股市專家中只有五名放空者。

但鳥兒們則不關心公牛和熊在做什麼，他們有自己的世界，這是理論的遊戲者。這類人只在想像中買賣，只在腦子裡記下盈利和損失，錢包感覺不到這些變化。只要這類遊戲者記下了一次理論上的盈利，他們就會感到很幸福。

然後還有週末遊戲者，他們只買星期五的股票，只希望這一天股市穩定。因爲他們堅信，公衆在度過了一個樂觀的週末之後，會在星期一決定買進股票。在這群人當中我還沒有找到百萬富翁。然後是其他一些只關心破產公司股票的人，股市行話稱他們爲「潮濕的腳」。他們認爲隨時隨處都會發生奇蹟，至少人們還可以把這類股票當作裝飾品賣出去。

32 科斯托蘭尼循環

股市存在其永恆不變的自轉，一如潮汐的漲落。
持股人有時順勢、有時逆勢操作，
而有時只須靜靜等待。

憑我的經驗，每個週期性的循環都由三個階段組成：修正階段、調整階段和過熱階段。舉一個下跌後行情轉折的例子，在第一個修正階段，行情（曾經毫無道理地跌到很低）慢慢被拉到在某種意義上實際而合理的水準；在第二個階段，不利的因素漸漸改善，並且每天都明顯上升。第三個階段開始了，這階段股票價格每小時都上漲，行情和情緒相互推升，迴光返照使得行情繼續飆漲，完全反映大眾歇斯底里的情緒。

下一個股市跌勢的週期裡，幾個階段會以同樣的順序相互跟隨：過熱階段——

價格漲得太高；調整階段——不利因素（利息調漲、經濟衰退、悲觀等）使投機者不安；修正階段——下跌行情造成了沉重的悲觀，反映在價格上，行情跌得像秋天的落葉，慌亂中股票被拋出。

最後階段的跌勢或漲勢波動會一直延續下去，直到一個能教人休克的事件打破了這個魔圈。如果這個能發揮清潔作用的休克沒有出現，那麼最後純受心理影響的階段便會在市場發洩一陣之後漸漸平息。等有朝一日股市趨勢又會改變方向，在沒有任何理由，出乎大衆、甚至專家的意料下，開始了週期性的反向循環，這是股市永恆不變的自轉，就像自然界漲退潮相互交替。這個潮汐遊戲的原因是：有兩種人握有股票：一是不動如山的堅定者，另一是風吹草動的膽小鬼，這兩種人的決定又是三項因素交錯的結果。

這第一項因素是金錢，第二項因素是耐心，第三項是思想。我認爲耐心，是不對每一件小事都作出強烈反應的神經。而有思想的人，就會聰明行事，不見得對或錯，但是會經過思考，有想像力。

沒有錢，光有耐心還不夠；而沒有耐心，只有錢也沒用。一旦沒有耐心就不能等到理想化爲現實，而沒有思想的人也不知道耐心能有什麼作用。

這三項因素不可分割，如果缺少其中之一，持股人便是膽小鬼，不論大事小事，都反應過當，缺乏想像力，不用腦行事，而形之情緒，別人買他也買，別人賣他也賣。最大的問題是：絕大多數股票在什麼人手裡？如果堅定者擁有大部分股票，那麼甚至在不利消息的情況下，股市仍有能力向前推動；若是有好消息，股市甚至會爆炸。但如果大多數股票是落在膽小鬼手裡，那麼在第一則壞消息之後，就會爆發爭執。

如果行情在放大的營業額中下降，那麼肯定是大批股票正從膽小鬼移向堅定者。甚至會出現膽小鬼全數出脫股票，而股票全鎖進堅定者的保險櫃裡。這時膽小者有錢，通過洗禮的人擁有股票。

股票換手完畢之後，如果行情停滯，甚至遇到壞消息也不下跌，就證明市場已經做好了向前循環的新準備——即使沒有好消息。

無數的例子能夠論證這一受投資者喜愛的理論：反向操作。這說來容易做來難，人們必須接受真正的訓練，擁有堅強的性格，甚至要玩世不恭，才不會一腳誤踩進了股市。

股市中有九〇%是膽小鬼，最多只有一〇%是堅定者，這是經驗告訴我的。

科斯托蘭尼循環

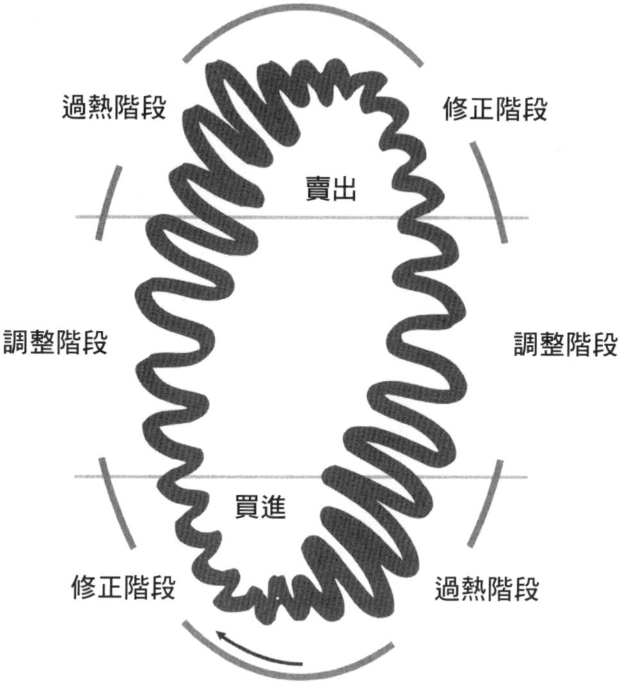

在循環的修正階段，若沒遇恐慌性的大筆賣單，就應該買進；相反的，在最後的過熱階段，若出現大筆成交額而跌價（第一個跌勢期）的情況，應小筆賣出。

然後應該在過熱階段逆勢操作，在修正階段隨波逐流，而在調整階段耐心地等待。

就圖而論：有經驗的投機者，其股市行動的目的在於盡量修剪這個圈的底部（在買進時）和上部（在賣出時），而不傷到自己的指頭。

33 股市鑰匙

股市專家想要成功，首先必須敲響兩個琴鍵：預見事態、猜測民眾對事態的反應。

是什麼驅使著股市起起落落？不只是事件本身，還有民眾對事態的反應，所以可憐的股市專家如果想成功，必須在兩個鍵盤上彈琴：**預見事態、猜測民眾的反應。所以股市常常像個酒鬼：聽到好消息哭，聽到壞消息笑。**

民眾情緒的波動是不可意料的；但是這種在希望與恐懼之間的波動，卻能在短期內決定股市的行情，直到恐懼者全部拋出、而滿懷希望者大量買進，但是股市大眾成功了嗎？沒有，多數情況下多數人的投機是錯誤的，只有少數判斷正確。

「群眾是無知的。」勒龐（Gustave Le Bon）在他的古典著作《大眾心理學》（*Psychologie der Massen; 1895*）中寫道。**但是在無知的本性中隱藏著神秘的力**

量——如果這群民衆是由特別聰明且精於思考的人組成時，這種本質仍然有效。但如果把一百個智慧極高的人關在一個狹小的空間裡，這批人將不再受精神支配，轉而會受情緒指揮。

股市專家出於某種原因和成熟的思考，決定在早上賣掉所有股票。他走進交易所大廳，感覺那裡的情緒樂觀，一秒鐘後他就更改原來的計畫，不但沒有拋售，反而買進新的股票。

在美國，股票行情顯示器經常能發揮決定性的作用，幾十萬雙眼睛緊盯著股票交易的行情。行情上漲，「顯示器觀察者」便跟著股票跑，以便迅速（根本不加思索地）跳上快速行駛的火車，標有最新股票行情的顯示器展現的是大衆的意見，對每一個人都有不可抗拒的吸引力，讓大家前仆後繼緊緊追隨。行情顯示器就像戰場上的旗幟，只要它還高高在上，威風凜凜地向前，部隊就會跟上；旗幟倒下，說明進軍被攔截，勇氣消失，隊伍四散。股市也一模一樣。

所以那些對股市感興趣的人必須注意，要讓旗幟驕傲地高高招展向前行進，這樣部隊才會跟隨。要猜想大衆對事態的反應，我認爲市場的技術分析是最好的指標。

大多數股票是在誰的手裡？是在強硬的、受過訓練的投資者和銀行手裡，還是在衆多希望快快掙到錢的新手，膽小、沒有經驗的儲蓄人、遊戲者和小人物手裡？

購買者的素質比股票的素質，對行情的發展更具影響力。

膽小的多數人對重要事件的第一反應，總是與先前的情緒相反，如果之前多數人樂觀擁有股票，此時他們會很快賣出，特別是有重要事件意外發生時，或在少數情況下不意外但提前發生時，趨勢隨著「既成事實」轉動。股市專家如何才能弄懂這種大衆心理？很難，因爲即使理論上他確實逆向思考，也會在逆向思考決定的最後一刻想：「我知道我必須做什麼，但是這回不一樣。」只有等到一切過去之後，他才會認識到，這一回也沒有什麼不一樣。

投機者必須受過訓練，冷靜、甚至玩世不恭。他必須想：「你們都錯，只有我對。」人們必須不斷想到，股市是殘酷的，經常不像大家所希望的那樣行事，也許它這麼做只是爲了懲罰那些遊戲者，好讓他們即使在過去幾年獲利也不要太自以爲是。不要忘了：**獲利是海市蜃樓，只有損失是真實的。**

34 週末投機

如果政府決定採取什麼大規模行動，
肯定會選擇在週末的那四十八小時出手，
週末成了投機客布局的好時機。

最有把握獲勝的投機，是所謂的「天鵝絨賭檯上的遊戲」。這裡說的是：熟悉內幕的知情人士處在關鍵的社會地位，並能同時對（他所希望的）事態結果產生決定性的影響。對此，我有三個典型的歷史事件作例子。

每年有五十二個週末，每個週末各自不同。每個人都能在週末找到不同的愛好：有的人打高爾夫，有的人滑雪，另外有的人在自家花園裡找到樂趣。也有一些人，他們在週末把財產放到安全的地方。他們針對兩天假期之後可能發生的政治事件，特別是金融事件，出手布局投機。

如果政府決定採取大規模金融行動，比如說貨幣貶值，那麼他們肯定會選擇在週末那四十八小時出手，因爲此時正是各政商要人、金融家、銀行家懶散休閒的時間。有一段時期，週末投機者尤其活躍。他們在週五晚上空頭拋售某種貨幣（還不曾擁有的），交貨期則是下週二，希望能在週一的貶值後廉價買進。

萬一投機失利，這些人了不起輸掉一點手續費，這對他們不過是小菜一碟。他們把希望押在大筆的生意上頭：貨幣三〇％～四〇％的升值或貶值能夠帶來巨大的利潤；當然，此時投入的金額也很高。因爲損失與可能的獲利相差懸殊，所以週末投機者反覆這樣操作，直到贏得大利爲止，有時會成功，但也可能全盤失利。短短的週末期間會發生多少事，我想用一個我多少有幸參與的例子來說明。

一九三一年九月十九日到二十一日的週末，是金融史上的里程碑。在這個週末英國政府向臣民宣布，大不列顛將放棄黃金標準，結果造成全球金融市場上英鎊下跌四〇％，很多錯誤估計形勢的外銷公司成了最大的輸家。

幾個月以來，許多人一直在炒西班牙幣比塞塔。一段時期以來，西班牙一直處於動盪不安的情況，也許五年後會發展成左翼黨派與弗朗哥（Franco）之間的血淋淋內戰。比塞塔下跌似乎是不可避免的，至少投機者和貨幣專家都這樣認爲。

如果想作一種貨幣的放空投機，就必須以期貨方式拋出，換成另一種貨幣。投機者堅信比塞塔會馬上跌價，因而用比塞塔購買大批英鎊。上帝是怎麼安排的呢？他把矛頭倒了過來。比塞塔的末日還須再等幾年，英鎊卻在一夜之間失去了價值。不談英國政府這一決定在世界史上的意義，這對大批投機者是徹底的打擊。他們的損失太大了，很多投機銀行因此關了門。

有一個人卻在此時偷偷地笑。他在這場英鎊的災難中，奠定了個人財富的基石，這個人就是法國總理賴伐爾（Pierre Laval），他後來在一九四〇年和德國占領軍合作，在戰後以叛國賊罪名遭槍斃。

在三〇年代美國金融危機期間，流入歐洲的美元愈來愈少，終至完全銷聲匿跡。經濟實力被削弱的國家尤其缺乏美元。歐洲的貿易失去了最大的客戶：美國，美國的銀行已經沒有足夠的實力在經濟上支援歐洲，美國人的購買力也悲劇性地大幅衰減。

這種局面當然讓英國尤其難過。英格蘭銀行（Bank of England）的外匯收入直線下降，「像英格蘭銀行一樣穩固」的著名格言，也慢慢變得蒼白。針線街（Threadneedle Street）上的老婦——英國人這樣稱他們的英格蘭銀行，按照傳統保留了一小部分黃金準備。當外匯準備吃緊時，英格蘭銀行的董事長蒙塔古（Norman Montague）親自向法國銀行和美國銀行請求支援，支借一大筆外匯貸款。英格蘭銀行早已左支右絀，但與投機比塞塔的人們相反，國際上正看好英鎊的跌勢，而且黃金準備已降到法定額度之下。

英格蘭銀行找到法國銀行，得到肯定的回答。法國人許諾願意幫助，條件是美國人也必須參與。法國銀行出於對法國出口額的考慮，千方百計阻止英鎊下跌。但是法國單方的投資是不夠的。賴伐爾在星期四的晚上就已經知道，美國未表同意支援英國，法國也因此取消承諾。結果很明顯，英國不可能繼續保持英鎊的匯率，政府將英鎊與黃金脫勾，英國貨幣在世界市場上貶值四〇%。

在這個週末之前的星期五，賴伐爾在幾個小時之內，便在世界各地的交易所用假名以期貨方式拋售英鎊。這黑色的星期五——英國貨幣的悲劇——過去了，賴伐爾先生在星期一成了美元百萬富翁，他在這次交易中的盈利足足超過一百萬美元。

英國人也很滿足。他們堅信，逝去的只是黃金而不是英鎊。總理麥克唐諾（Ramsay MacDonald）甚至深信不移地宣布：「只要一英鎊還等於二〇先令（澳幣基本單位），英國貨幣就沒有失去價值。」許多報紙都以大標題稱讚這一舉動。一切都會好轉，英國終於擺脫了黃金的桎梏。

當然也有部分經濟學家和專業人士，尤其是法國黃金迷不贊同。他們把這一舉動與拉方登的寓言相比：狐狸吃不著葡萄說葡萄酸。我對此的回答是，在這個故事裡，狐狸有一天會吃到葡萄，體會到葡萄真是酸的。托洛斯基（Leo Trotzki）在他的著作《歐洲和美洲》（*Europa und Amerika*）中，把英鎊的貶值當作英國墮落的最佳證明。我的看法恰恰相反。

這確實是貨幣體制與黃金脫勾的第一步。從那時起，黃金被貨幣體制拒之門外，成了普通的商品。每個儲蓄人，在美國也不例外，都能夠在保險箱裡收存黃金，只要他願意（美國人民多年來一直是被禁止的）。

八〇年代初的黃金熱之後，今天人們可以觀察到與當初相反的趨勢，世界已從愚蠢的黃金神秘中解放出來。我可以對黃金準備作出很好的解釋：「黃金準備是一件緊身衣，可以讓婦女擁有優美的身材，卻限制了她的行動自由。」

簡而言之，四〇％的匯價下跌，對判斷錯誤、英鎊作多投機的人來說，眞是一場災難。我知道很多阿姆斯特丹的銀行不得不因此宣布破產，比如舒伯格集團（Schönberger）。

從這件事上我得到了特別消息，有一個醉心於各種投機生意，也包括外匯投機的好朋友，曾經做了七十萬英鎊的作多投機。他以期貨方式用荷蘭盾買了英鎊，每三個月展延一次，以獲取英鎊與荷蘭盾之間的利息差（那時大約是四％）。這筆生意很像幾年來，在阿姆斯特丹操作的荷蘭盾與德國馬克之間的交易，兩者也存在很大差價，不過這是後話。

我這位經驗豐富、嗅覺靈敏的朋友，在英鎊貶值的幾天前就感覺到不對勁。正如一個好的投機者該有的作爲，他在一分鐘之內決定賣出所有七十萬英鎊。他打了三分鐘的電話，便把所有的英鎊賣給了舒伯格集團，對該集團來說這是一筆要命的生意。豐富的經驗和超凡的直覺救了我的朋友。這件事再次證明了被我篡改過的名言：「我的鼻子是我的城堡。」

雖然我認為在原則上情報對投機生意沒有什麼作用，但賴伐爾的交易是一個特殊的例子。他不僅要掌握層峰的局勢和決定，還必須是相關的政府領導人，這種巧合幾乎百年不遇。政府或財政部長的官方解釋，也可能發生誤導的作用，甚至根本就是錯誤的訊息。一九四九年九月十七日至十九日的週末，英鎊再度貶值。在此一週之前，英國議會的克理普斯（Stafford Cripps）還對英鎊可能貶值的傳言公開闢謠，所以貨幣貶值的決定，對大多數銀行家和投機者來說實在太突然了。

誰會想到，英國議會頭號人物，會如此大張旗鼓地公開宣傳，儘管他從一開始就知道這是不可能的事！但是正因為這次強烈的闢謠，讓我和少數人投機賺了錢。

交易所裡玩世不恭的態度，經常會帶來紅利。

35 一次大戰後的外匯交易

一次大戰後的外匯市場是一場混亂，但這場混亂中的任何事都是最好的老師。

一九一八年秋天，由於德國、奧匈帝國、保加利亞、土耳其等中歐列強的失敗，多瑙帝國解體了。這段時期，整個歐洲的頭號話題是：「美元怎麼樣了？」不完全是出於好奇心，這個問題不僅對商人和投機者十分重要，就連對一般消費者也十分重要，因爲美元的行情不僅僅決定了馬克和皇家克朗的價值，國際評價還是一個國家前景的最好標誌。

最大的貨幣交易中心位於蘇黎世和阿姆斯特丹。那裡標出的牌價不僅是攸關國家體質健康的溫度計和晴雨錶，也是投機客遊戲的標的物。這些貨幣的大宗交易不僅對行情、有時也對一個民族的命運有決定性的影響。

歐洲的外匯交易愈來愈複雜，特別是因爲皇家帝國解散後的新興國家需要引進自己的貨幣。這些國家在此之前的幣制，一直是全部或部分使用奧匈克朗（例如在波蘭，在使用皇家克朗之外還流通著馬克和盧布）。

這些新貨幣的產生，首先需要不斷在沿用下來的紙幣上蓋章劃印，而且這些圖章也是一天一變。然後正式流通的新紙幣上面就蓋得五顏六色，分別印有德國、奧地利、捷克斯洛伐克、波蘭、南斯拉夫等國家新領袖的頭像。

所有的一切都是一場混亂，人們必須能在其中游刃有餘；對每一個經歷了甚至生存下來的人，這場混亂中的任何事都是最好的老師。在此人們能夠學習到：**外匯市場上什麼事都有可能發生，隨時都有出乎預料的發展**。

在這條外匯單行線上也曾有過逆流，對中歐和東歐的貨幣來說以失敗告終。有時這股逆流是投機過多的結果，有時經濟或政治事件要爲此負責（正如我們在過去二十年所經歷的那樣）。

我在二〇年代就在巴黎交易所認識一位原本沒有多少本錢的小經紀人，他在破產之前曾經是大投機商。在俄國十月革命之後，他做了一大筆等待俄國羅曼諾盧布（Romanow-Rubel）跌價的放空投機。他對局勢的判斷是準確的：老盧布會跌得一文不值。於是他放空了一個大數目。但是在到期的當天他卻不能交貨，因爲老盧布出於某種技術原因，突然從市場上消失了。於是他被強制扣押而破產。幾個月之後盧布眞的跌到零，但對他來說爲時已晚，我認識他的時候他已經一窮二白。這個典型的例子告訴我們：**如果在一次投機中賭注太大，或完全無法抵擋任何小小的逆流，即使有最敏銳的判斷力，也終將會失去一切**。這樣的不幸經常發生，我在下幾章還會再講述幾次。

政府層級的組織也會出現這樣的破產。例如在匈牙利，二〇年代國家苦於貨幣不斷貶值之際，公認的天才財政部長海格杜斯（Roland Hegedüs）引起了新聞界的轟動，他要拯救克朗，但是他的試驗（絕對的緊縮銀根），在取得短期成效後，以徹底失敗告終。通貨膨脹率漲到了新高。可憐的部長在民衆的唾罵聲中，在精神病院度過了他的最後幾天。這並不是說所有要與通貨膨脹搏鬥的人，都是這種下場。這種鬥爭是否成功，最終不取決於部長，更傾向取決於一國民衆的道德水準。）

當然也有運氣好的投機者，例如凱因斯（John Maynard Keynes），過去七十年最偉大的經濟學家。他在一次大戰後的幾年裡，藉由投機中歐的經濟衰退和貨幣貶值，掙到了一大筆財富。

36 一小時內失去一切

在戰後索賠會議上，英國總理的怒極拍桌，瞬間就讓馬克跌破下限，外匯商全軍覆沒。

結算以貸款爲抵押的有價證券有多快、多殘酷，以下的例子可以告訴你。

一九二三年的德國，在馬克穩定之後，德國貨幣得以長時間喘息，直到布魯甯路德政府實施外匯管制。這段期間在阿姆斯特丹發生了一場外匯商的大悲劇，當時德國馬克與荷蘭盾的匯率維持在一個穩定的比率上，其間當然有小小的波動，範圍大約是二%。假設一〇〇馬克相當於一〇〇盾，那麼馬克可以在九九和一〇一盾區間徘徊。但如果馬克的匯價回到九九以下，德國銀行就必須干預並買進馬克。反之，當匯價高於一〇一盾時，荷蘭的貨幣發行銀行就會被迫買入盾。

這個「區間」對外匯商來說是「不容挑戰」的，因爲根據法律條文，馬克不許低於九九或高於一〇一盾，由於兩國的貨幣市場存在著四個百分點的利息差距（在荷蘭的利息比德國低四％），人們可以在阿姆斯特丹以九八盾的價格買到馬克，交貨期為三個月。

這是一筆很簡單的生意，儘管馬克的匯價是九九，人們若以九八盾的價格買入十萬馬克，只須熬過這三個月，就可以把馬克賣出，在最壞的情況下也能賣到最低價，即九九盾，最少可以獲得一千盾的盈利，相當具有吸引力。為這筆生意，買家在銀行經紀人那裡只須押上三千盾，最多五千盾，即能經營平均為數十萬盾的生意。

外匯商是這樣計算的：最多用五千盾的投入資本，每兩個月可以得到一千盾的利潤，這相當於三個月二〇％的利息。這段時間過去後，他們又重新以這筆款項買進下三個月的馬克，這個交易每季重複一次，也意味著高於八〇％抵押金的盈利。

這當然是一筆出色的生意，外匯商因為多數來自東歐，把在銀行經紀人那裡的擔保金挪用作為資本投入而收取紅利，八〇％的利潤就能讓他們生活得很好。

但晴朗的天空也會出現無法預料的變化，對此大家應該有心理準備，但很少有人這麼做。

一九二九、三〇年之交，巴黎的喬治五世飯店（Hotel George V Paris），德國與戰勝國進行戰爭賠償談判。法國龐加萊政府（Poincaré）表現十分強硬，不僅出於物質原因（他們聲稱法國城市受到最嚴重的破壞）索求賠償，也基於政治上的考量，意圖徹底削弱德國，解除其政治權力。

相反的，英國人的態度則緩和許多，他們沒有太多戰爭損失要求德國賠償，只是戰爭支出很高；另外英國也沒有興趣讓法國強大，作爲唯一的大陸強國，英國與法國之間的歷史競爭再度重現，這是一場艱難的談判。

人們期待法國對戰爭賠款索賠最終建議。但法國的建議太強硬、太勒索，結果英國的財政部長斯諾登（Philip Snowdon，後來的斯諾登勳爵）盛怒之下拍案而起：「這實在太荒謬了！」會議自然在這極不外交的舉動下不歡而散，阿姆斯特丹也出現慌亂，德國馬克跌破下限，馬克購買商被「強行扣押」，因爲那五%的抵押金已被耗盡。

四十八小時後馬克又找到了平衡位置，但多數的外匯商已失去全部的資本，因爲他們早已把每季二〇%的紅利花光。

我的朋友庫克斯是一位出色的套匯者，也經歷了類似的不幸。在五〇年代，他操作大筆英鎊與其他國家間的套匯交易，雖然這是套匯商應懂的常識：大宗交易絕不要拖到第二天，一定要在當天完成，但海外生意總是很難做到這點。有一個晚上他留下了一筆沒有解決的交易，第二天便爆發英國、法國對埃及和其他國家的蘇伊士戰爭，英鎊匯價一跌到底，轉眼間庫克斯當時任職的公司便失去了償債能力。

37 投機的力量

浮動匯率下，過大金額的外匯投機，最終都會以極危險的反彈告終。投機能動搖、甚至破壞政府的決定。

每當我以批判的眼光看待政客，甚至是在任部長或央行負責人的解釋和聲明時，每每體認到，這些人多麼輕忽投機的力量。**這些人根本不知道，投機對貨幣匯價的變化能有多大作用，投機能動搖、甚至破壞政府的決定。**

記得許多年前，當時金價受當時的黃金生產國（在瑞士大銀行幫助下的南非政府）操縱，德國財政部長聲明，人們必須看到「眞實的」市場價格。在他眼中，倫敦交易所剛剛宣布被操縱的價格是「眞實的」，眞是無稽之談！操縱後的匯價怎麼能夠被稱爲「眞實的」？眞實的價格只能透過眞正的需求關係形成，而非靠人爲操縱需求哄抬後的價格。

資本主義制度是一台巨型機器，經濟、社會、外交或軍購政策、利息、貨幣發行量和貨幣匯價，每個齒輪精細地交錯運轉著。這最後的一只輪子尤其被瘋狂的貨幣投機所驅動，以致經常失去控制，可惜自由世界對此也莫可奈何。直接影響物價的黃金投機，有著巨大、毀滅性的影響。我聽過對黃金和物價最具關鍵性的明智言論，是紐約商品交易所的黑人門房，在迴廊上他對我說：「您看，先生，」一邊指著巨大廳堂的一角，那裡一組一組的人正在交易不同的商品，「您看，先生，這個角落正在進行黃金交易。」那裡大約有一百人打著手勢互相高喊黃金的買賣，「如果那兒的黃金漲了一兩個百分點，投機者便會撲向其他原物料，同樣哄抬價格；如果黃金跌了，他們就賣掉其他商品。」這位黑人門房說得有道理極了，黃金是商品隊伍前的帥旗，其他物資都尾隨帥旗而行。

金融政客或貨幣發行銀行負責人也同樣受這種氣氛影響，和民衆一樣以大衆心理決定反應，而外匯遊戲者則隨政客的聲明起舞，一出手就是上億美元、日圓或英鎊的瘋狂交易。他們買、賣，又再買，這不是爲了進出口客戶的國際貿易或投資所需外匯，而是爲了能在一天之內，甚或一小時之內，撈取匯差，且經常是損失匯差。政客和外匯商就是這樣相互作用的。

像我們常說的那樣，爲了和銀行的百萬資金玩遊戲，商人的手是空的。

一九七六年在英鎊大跌的慌亂之中，我寫道：「英國的靜態準備比外匯商所能想像的要大，儘管蘇黎世的火車站街已埋葬了英鎊，儘管不列顛雄獅失去了牙齒，心臟還一直在跳動。」

正是那些當時因絕望而賣出上億英鎊的外商，在一年之後又成億地買回來英鎊。結果，一年前還四處求援的英格蘭銀行，外匯存底上升到一八〇億美元，位居世界第三。這也證明，投機的商人從來不思考，也許從來都不懂什麼是「貨幣」。儘管如此，這些人卻傲慢地發表意見，並像鸚鵡一樣重複著不負責任的評論。

有句老成語說：「瘦死的駱駝比馬大。」就是說，今天儉樸無名、在蘇黎世討生活的貴族艾斯特海茲（Fürst Esterházy），還是比多次成為新聞人物的羅斯徹爾德（Baron Rothschild，英國銀行家）富有。

在國際階級上，英國相當於一個貴族家庭，擁有比外匯商所能想像更多的外匯存底。一九六七年外匯商孤注一擲押注英鎊會徹底垮臺時（儘管要每年繳納高於三〇%的利息），卻忘記了一項交易所的老規律：**當所有的遊戲者都去投機大家認為萬無一失的目標時，結局幾乎難逃失敗的命運。**

金融市場險惡萬分，總是發生令人驚訝、與期待相反的事情。在「固定的匯價」中押注過低貨幣的升值，或過高貨幣的貶值，幾乎總能安然度過。但是在浮動的匯價中，一次過大的外匯投機，就會以極危險的反彈告終，特別是當投機造成匯價低於國家經濟狀況和靜態準備所相對應的價格時。一九二六年的「法郎大戰」，八〇年代的美元升空，以及其他的實例都在在顯示，外匯投機者的生活有多麼危險。

38 如何獲得重要情報

於是我決定直接造訪財政部主管部門，以取得訊息。證券市場什麼事都可能發生，哪怕是合乎邏輯的事。

二次大戰後我滿懷著對歐洲發展的堅定樂觀態度，投入到歐洲國家債券的投機，依戰爭結果股市的價格明顯偏低。除了比利時、挪威、丹麥和德國的證券之外，我還有法國債券，因爲我堅信，市場在經歷災難之後會回歸正軌。在這些負債國中，有些國家明快履行了義務，少部分則讓人揪著耳朵，直到終於作出兌現義務的決定。事後的發展證實了我的樂觀，這些證券價格全面上升，只是在法國債券上出了點狀況。

那是戰爭爆發前不久由阿姆斯特丹的銀行集團，在一九三九年發行利息三．七五％的債券。具體的發行條件都詳細記載在債券背面：法國政府有義務支付持有者本金和利息，即使爆發戰爭、革命或政變也不例外，並根據持有人的選擇支付瑞士法郎、荷蘭盾或美元。簡言之，哪怕地震或洪水，法國政府也會償付。但剛一簽署停火協定，法國政府就推翻所有白紙黑字的承諾及條款，只同意以法國法郎支付，並且強制規定匯價，這個價格只是現實國際兌現價的一〇％。

就這樣，這些債券的行情（在日內瓦和阿姆斯特丹）降到了可悲的一〇％至二〇％。我堅信，附有法國政府簽字的債券應該有和黃金一樣的分量。法國從沒有試圖逃避債務。當包括美國和英國在內的國家厚顏取消黃金條款時，法國不是唯一謹遵黃金條款的國家嗎？出於這層考量，我買進了大批法國債券。我毫不懷疑，法國政府將在情況恢復正常後會馬上履行義務，以瑞士法郎、荷蘭盾和美元形式償付利息和本金。

於是我決定造訪財政部的主管部門。在彬彬有禮接待我的高級官員面前，我作了如下演說：「可敬的官員先生，我是華爾街的股市專家。我的特長是歐洲國家債券，在戰爭期間和戰爭之後我買進了債券，只因爲我對債務人深具信心。我堅定的樂觀想法告訴我，只要法國有能力，一定會立刻證明自己是世界的紳士，償付債務。果然所有債券都先後兌現了，只有一個例外：三・七五％的孟德爾森債券。您知道這債券上附有條款，可在各地以法國法郎、荷蘭盾和美元支付。」我發現這位主管先生一副頭一遭幹壞事就被抓包的老實模樣說：「毫無疑問，但是您了解局勢。這段時間很艱難，我們缺少的不是好的願景，而是外匯。」

「這我明瞭，是我自己想出了一種辦法，可能您可以幫我。」

「請說，我在聽。」

「財政部以禁封法郎的形式償付我債券的所有價值。也就是說，這些法郎只允許在法國用於某種交易。（這種禁封法郎已存在於外匯交易中，在自由市場上以低於官價五～一○%的價格交易。）但我知道，在華爾街上可以找到這些法郎的買主。這樁買賣對我來說一直是有意思的：國庫不需支付任何外匯，而我可以收取普通價值的九○%。」

「我同意。」官員回答說：「因爲這個建議在我看來相當公道，您有多少這樣的證券？」我告訴他一個超過實際的數字，他同意了。

離開財政部後我只有一件事要做：到郵局去給我在蘇黎世的好朋友加爾打電話，讓他盡可能地買進三．七五%的債券。只要我還買得起，花掉最後幾分錢也在所不惜。動機很明顯：所有對法國國庫來說價值九○%的債券，對投機者來說一定有一○%～三○%甚至更多的價值。

您會說：事情美好得不眞實。但我能再次證實自己的觀點：**股市裡什麼事都會發生，哪怕合乎邏輯的事**。故事的結局是，一年之後法國政府宣布，根據個人意願用瑞士法郎、荷蘭盾和美元償付全部債券。

科斯托蘭尼說：

千萬記得，公司體質好壞，

不是決定下跌或上漲的最重要理由，

所有市場的漲跌，

都是由需求強度或者供給強度來決定，

需求大於供給，市場就漲，反之就下跌。

所以想要投資股市，必須分析供給或需求。

39 遠來的和尚會唸經？

因為兩邊人馬相互猜測，對方就是消息靈通人士，讓往返巴黎與瑞士向來平衡的債券，因為一項規定，立即跌掉一半的價值。

股票商常常不切實際地想像，在國界另一邊的同事雖然不比他聰明，但是消息比他靈通。我想講述一段二次大戰後的故事解釋這樣的說法。

當時在法國由於外匯存底吃緊，對外幣有非常嚴厲的規定。法國公民有義務在國家的監督下，把外國證券存到銀行裡來。只有部分毫無前途的股票和半死不活的債券，沒有被列入必須強制存入銀行的證券名單，因為在國外根本賣不出去，無法指望這些證券帶來外匯。所以只有二流證券能享受法規的例外。

另一方面，外匯管制造成對進出口外國證券設定了嚴格配額。為了獲取對應的外匯，如果要買進某種外國有價證券，必須以同樣的金額出口另一種證券，否則就不准交易。

這樣幾乎自動地建立起了必要的平衡。

那時石油證券，特別是殼牌石油，在法國備受青睞。爲了購買殼牌石油的股票，人們必須賣出另一種總金額相當的外國證券。

有一種奄奄一息的日本證券不在官方名單之列，法國與日本政府之間的交涉沒有絲毫成果。巴黎股市上只有很少人知道這支證券，在國外就更不起眼了。

但是突然間這支證券出現在瑞士交易所，彷彿是從潘朵拉的盒子中跳出來。觀察家驚訝地發現，這支證券占領了愈來愈多的市場。沒人理解這是怎麼回事。

在巴黎，有愈來愈多人在傳說：瑞士將以買主的姿態登場。實際上是某些專營國際套匯的法國銀行在不斷買入。消息靈通人士知道，這麼做是爲了再賣出在瑞士的證券。

在瑞士流言又起：巴黎是買主，但實際上是瑞士的套匯銀行在不斷買入。消息靈通人士知道，這麼做是爲了再賣出在巴黎的證券。

人們在巴黎竊竊私語說，瑞士人已經知道有可能與日本達成共識；瑞士人則認爲，法國人肯定比他們更準確地了解有關與東京交涉的新聞。人們一致認爲，正在醞釀某個大規模的行動。許多人因此隨波逐流，因爲那場交涉下的絕妙大買賣震動了他們。

那些外國人，那些小本的生意人開始惴惴不安起來。他們四處打聽、關注事態，直到有一天牌價漸漸超過了理智允許的範疇。

而在遠東卻沒有任何新消息，始終沒有達成協定。眞相如何？秘密在哪裡？答案是：由於法國市場希望得到殼牌石油股票，套匯者們在瑞士交易所買入該股以便在巴黎賣出。在那個明確的條件下這個交易完全合法，這條件便是人們能夠用外匯支付買賣，而這筆外匯是經由賣出另一種從巴黎出口到瑞士的外國證券而得到的。

人們必須找到一種數量充足，又可以在巴黎買到、可以在瑞士不產生損失的情況下賣掉的外國證券，這種「日本貨」正中下懷：人們可以在巴黎任意購買，也可以在瑞士任意拋售。

爲什麼？很簡單：因爲另外一群套匯者在瑞士購買日本的債券，再以合法的方式把債券送到巴黎交易所賣出。他們用得到的法郎在黑市換成外匯，付款給在瑞士的買主。結果出現一種在法國和瑞士之間不斷往來的債券。大套匯銀行把「日本貨」從巴黎送到蘇黎世，而黑市套匯者則恰恰又把同樣的債券送回巴黎。儘管巴黎—瑞士的特殊旅行沒有違反法律規定，但返程瑞士—巴黎卻不完全符合道德標準……。當然，債券的牌價是不能變動的，因爲在買賣天平的兩個秤盤上站著的，是同樣數量的證券。

但是那些人，那些聞到了烤肉香味的人，那些在這場大交易中看到了和平協定的人，失去了平衡。一點小小的分量，在天平的一邊秤盤上加上幾克的砝碼，債券就不停飛漲。

事態持續發展，直到有一天，與日本達成一項對持債券有者極其不利的協定，牌價應聲下跌了大約五〇％——這是協定中規定的水平。

對於那些總以爲其他市場上的同行是遠來和尚會唸經的人，這是一個很好的教訓！人們經常不切實際地想像：鄰居的草坪比自家的綠。

40 經紀人的昨日、今日

投資人關心行情，經紀人關心成交額。
經紀人只要懂得最重要的兩個字：買和賣，就能開張營業。

每當我和股票經紀人在一起，並觀察他們的佣金機器是如何運轉時，經常會想到典型的經紀人，滿腦子只塞得下：買、賣、賣、買。說白了就是收取回扣。經紀人開銷不小，必須由回扣中支出，而不是從行情獲利！所以他們雖然提供建議，但動機是不客觀的，純爲私利。眞正的經紀人自己不投機，這也是對的，因爲當客戶在壓力下喪失了耐心時，他可以隨時保持客觀。

一個善意的小故事告訴我們，過去的經紀人對待股市交易的態度。一次大戰之前布達佩斯還是歐洲最大的糧食交易所，在大麥、燕麥、玉米等的期貨交易中投入了上百萬的資金，訂單從歐洲四面八方飛來，匈牙利也全民總動員加入了這場遊戲。最大的遊戲者是農民，因爲當他們預測收成好時，就用期貨賣出相當於自己收成兩倍的糧食，如果預期收成不好，就用期貨購買自己產量幾倍的糧食。

行情不斷搖擺，群衆的遊戲癮愈來愈大，他們整天在大麥、穀子、玉米和燕麥之間遊戲，李子醬也是一個受歡迎的遊戲產品。當布達佩斯交易所關門時，大家緊張地等待芝加哥在二十二點才可以看到的收盤價，這個遊戲依靠天氣以及收成預測，所以行情發展無一不成大家每天的話題。

考布拉赫（Moritz Kobrach）來自德國，卻是布達佩斯期貨交易所上最富有的經紀人，雖然他說匈牙利文錯誤百出，但他懂得兩個最重要的字：買、賣！且儘管他富有，但還算是個簡樸的人，只爲了生意和回扣活著。這也足夠了，因爲考布拉赫生意興隆。

當大麥的行情慢慢減弱時，有個客戶帶著悲傷沉重的心情來到考布拉赫的辦公室：「考布拉赫先生，我在大麥上的作多交易勢頭不好，虧了大錢，我徹底完了！這是我的一切，金錶、金菸盒和兩萬盾現金。雖然我的損失比這些要大，但請笑納這些不成敬意的小東西，不然就別理睬我，我們後會無期！」

「好吧，」考布拉赫眼都不眨地說：「你眞的是作多作過頭了。但是不理睬某人不是我的習慣。請把你的錶收起來，否則會不知道自己還有多長時間；還有這菸盒，否則你還會戒菸從而破壞壟斷。你把兩萬盾給我，事情就算解決了。只是我認為大麥還會繼續跌，我不該為你做十份放空合約嗎？」

那個人不知該怎麼回答，沉默並表示理解。「是呀，」考布拉赫說：「工作必須繼續，人們贏了又輸。」此時考布拉赫心裡想的是大筆而來的回扣，儘管有時會碰到無力支付的客戶，重要的是，輪子要繼續運轉，我能得到我的回扣。

這是「昨日的世界」。今天的仲介人當然不像考布拉赫一樣大方，否則早就破產了。另外今天政府部門的規定過於嚴苛，讓經紀人一心只關注回扣機器運轉情形，唯一具有魔力的字眼是：**營業額**。因為一天內股票的高成交額就意味著公司的高回扣。

我常常對經紀人露骨的行徑感到驚訝，打電話給經紀人詢問行情，得到回答是：「好極了，大成交額，一億支股票，顯示牌晚了十分鐘……」

「指數怎麼樣？」我問，回答是：「幾乎沒變。」「你把這樣的行情稱作好極了？」他氣憤地回答：「一億支股票的成交額難道不是好極了嗎？」——「對您來說是，對我則不是，因為我感興趣的是行情，它是否升了，升了多少。營業額對仲介人重要，但對顧客不重要。」

簡而言之，機器在運轉，並不停地加上油以保持運轉順暢。我本來不反對這些，因為股票仲介人把上百的儲蓄人吸引到資本市場，這對我們的體制有利。顧客愈多，不管是大小遊戲者、投機者或是投資者，市場流動愈明顯，對投資者就更有保障，在需要時隨時可以用股票兌現。在流動的市場上，人們可以在幾秒鐘之內賣出上千支股票，而不造成行情的變化，只有這樣股市才能扮演眞正的角色；凍結、再解凍企業的儲蓄資本。每當觀察股票仲介人，看他們如何在電話裡孜孜不倦地想鼓勵顧客投入股市時，我總想起考布拉赫的老「哲學」：**「工作必須繼續下去。」**

後來他背叛了交易所，並爲此受到了懲罰。他想當企業家，用他掙來的百萬回扣買下了一家大鞋廠，後來破產了。他就這樣失去了他的全部財產，在貧困中死於故鄉德國。

投機珠璣集之二

■遊戲是一種激情，有享受也有痛苦。一個遊戲者最大的享受就是：贏。第二享受是：輸。遊戲者最大的興趣是贏和輸之間的差距。沒有輸贏，就沒有差距，也就沒有享受。

■莫里哀曾寫道：知道太多的傻瓜比無知者還愚蠢兩倍。這個說法也適用於股市。

■誠實的債務人使繼承人失望，卻永遠不會令債權人失望。

■人們不能跟著趨勢跑，必須面向它。

■投機者生活的五分之一是股市，賭徒則是五分之四。

■不能完全擁有知識的人，只能擁有一半的知識，而他的一切都取決於是用這一半的知識做些什麼。

■假如經濟新聞不存在，人們也不用去發現它。

■老經驗的股票族能夠失去一切，但不會失去經驗。

■克里蒙梭（Geroges Clemenceau）曾說過：戰爭是一件嚴肅的事，不能將之交給軍隊。今天人們也可以說：經濟是一件嚴肅的事，不能將之留給教授和經濟學者。

■股市中最危險的是意外，只有極少的股票族能保持鎮靜和客觀。股市產生危機的原因多半不是客觀的思考，而是大眾的情緒反應。一個很小的問題，卻可能像野火般蔓延。

■股市中的大眾心理反應，像是劇院裡有一個人打呵欠，其他馬上跟著張嘴打呵欠；一個人咳嗽，立刻一片咳嗽聲。

■人不必有資本，但要有零用錢，有些人甚至認為零用錢比財富更重要。

■如果買基金有很大的收入時，就表示上漲的第三週期馬上就要結束。

■許多資本家把三分之一的生命用於創造資本，另外的三分之一用來保本，最後的三分之一，則思考如何傳給繼承人。

■記者和投機者有同樣的工作元素：新聞和事件。記者負責描寫，投機者則進行押注。

■通貨膨脹是民主的代價，或者說是執政者蠱惑民心的代價。因為沒有哪個議會敢針對通貨膨脹實行嚴格的措施。

■每個股票經紀人都受畸形的智慧之苦。甚至最有智慧、最誠實、最負責任的經紀人也被買賣合約和回扣腐化了。

■ 國家破產？銀行危機？對此只有一個回答：虛張聲勢！

■ 人們對股市趨勢的描寫是強是弱，完全取決於人們的立場。同樣的行情，一個說強，另一個卻說弱。

■ 如果我預見未來一年股市的發展，其他人就會一整年都把我當成胡思亂想的人。

■ 作多傻瓜能承受股市下跌的損失，卻無法承受股市上漲而錯過的獲利。

■ 任何沒有自己見解的人，就不能投入股市。

■ 一個沒有思考、證據、動機的股市遊戲者，和輪盤的遊戲者，一樣都是賭徒。

■ 人們無法教授經濟，而是必須親自經歷，並生存下來。

■ 在行情低落時捧著現金加入股市的人，和正往餐廳路上饑餓的人，是同樣的享受。

■ 對猶豫不決的人來說，行情不是太高就是太低；而決定不是太晚就是太早。

■ 買股票時需要想像力，賣股票時需要明智。

■ 我們在晚上必須要有主意，早晨持批評觀點，而中午就要作出決定。

■ 股市，其實是一個劇院，總是上演同一齣戲，但卻掛上不同的劇名。

- 政府必須詭計多端，才能不用暴力維持金融秩序。
- 經濟專家是蒙著眼睛戰鬥的古羅馬鬥士。
- 在經濟議題上公布真相，甚至建議有益的事，都是為自己樹敵的最好方法。
- 伏爾泰（Voltaire）曾說：「每一件壞事都可能有好的結果。」極適用於股市。
- 對行情發展重要的不是今天發生的事，而是明天和後天將發生的事。因為今天發生的事已經被行情吸收。
- 只有那些即使沒錢也會受我尊敬的百萬富翁，能讓我留下深刻的印象。
- 多數擁有賺大錢特質的人，卻不具備享受金錢的特質。
- 在股市上經常是感覺告訴我們應該做什麼，而理智告訴我們應該避免什麼。
- 在股市，有時一個模棱兩可的建議，比一個清楚明確的建議更好。
- 人們真的要在一段時間之後，才懂得學過的東西（我想到我的講座）。
- 不論是在大或小的交易所，遊戲者的反應總是相同，因為投資者和經理人的反應是很難區別的。
- 買入時要浪漫，賣出時要現實，在此之間應該睡覺。
- 買期貨和匯票一樣：簽字，然後你會看到，時間過得多麼快！
- 股市上掃得好的不是新掃帚，而是老掃帚。

■誰在股市上過於重視小節，就不配做大事。

■在爆炸之前和危機之後總是一片寂靜，其間發生的，只是歇斯底里的噪音。

■每一個法國的平民家庭都把最傻的兒子送去股市，這肯定是有原因的。

■只有聰明的投資人可以理解放空投機。傻瓜不會明白，怎麼能賣出自己還沒擁有的東西。

■股市專家和財經學者經常出現正確的論述是很危險的，同行會嫉妒，並不耐煩地等著，在下一次錯誤中把他逮個正著。

■法國作曲家艾伯特（Jacques Ibert）說，藝術的一〇％由靈感組成，九〇％是汗水。股市上的汗水當然是經驗。

■股市上人人皆知的東西不會令我坐立不安。

■通貨膨脹是債權人的地獄，債務人的天堂。

■羅斯徹爾德曾說：「誰在股市上隨我而動，將得到壞經歷。」

■九〇％的股市遊戲者沒有主意，更不用提思想，甚至連賭徒和彩票買主都有主意和動機，股市遊戲者多數隨波逐流。

■一位維也納大銀行的總裁在通貨膨脹期間說：「我們不聰明，也不能幹，我們高雅。」我想他今天做不成什麼大事。

■針對瘋狂的投機熱最安全的剎車就是損失。

■股市中的人們不必什麼都知道，只需理解，但即使什麼都理解，也不必什麼都去做。

■即使最激情的股市投機者也可以休息一會兒、觀望一段時期。

■我經常問自己，在股市營業時，究竟是去交易所，還是去釣魚更有益。在交易所雖然能獲得一點建議然後反向操作，但釣魚卻更能思考什麼不該做。

■用客戶的錢投機又運氣不好的銀行工作者，經常變成騙子，運氣好的則成天才。

■很多股市投資人在年輕時就花掉日後所賺的錢。

■我的心在左邊，我的頭在右邊，而我的錢包早已在美國了。

■股市上半個真相是一整個謊言。

■魔鬼為了懲罰人類而發明了股市，因為人們相信上帝能從虛無中創造出東西。

■企業管理者、工程師、經濟學者和其他專家應離股市遠一點，因為股市對他們來說是一個危險的陷阱，而他們卻想用科學的方法接近它。對他們我只能引用但丁的詩：「讓我們接受，希望消失了！」

■關於錢，只有兩個字：「更多！」

■永遠不許愛上一支股票，因為當緊急信號出現時，必須與之分手。

■永遠不必追逐電車和股票，只要耐心，下一趟一定會來的。

■股市上最難的兩件事是：接受損失和不贏小利，更難的是有自己的獨立見解，做與多數人相反的事。

■如果股市投機這麼容易的話，就沒有礦工、伐木工和其他重體力工人了，每個人都是投機者。

■真正有主見的是能不藉任何理由就謝絕邀請的人。

■當樂觀的人變成悲觀者的那一天，可能就是行情反轉的轉捩點。反之亦然，當天生的悲觀者變成樂觀者時，人們必須以最快速度退出股市。

■要想在社會上具有影響力的階層中取得成就，必須十分幼稚地表現，但十分清醒地思考。

■在股市因專家的建議而賺錢，是一次成功；沒有專家的建議而賺錢是更大的成功；如果與專家建議相反行事而賺錢，則是一個了不起的成功。

■有一次我坐在著名股市大師的課堂裡（最好不講出他的名字），實在聽不下他那荒謬的分析，站了起來，鄰座問我：「你這就想離開我們嗎？」「離開？」我回答：「不，我走。」

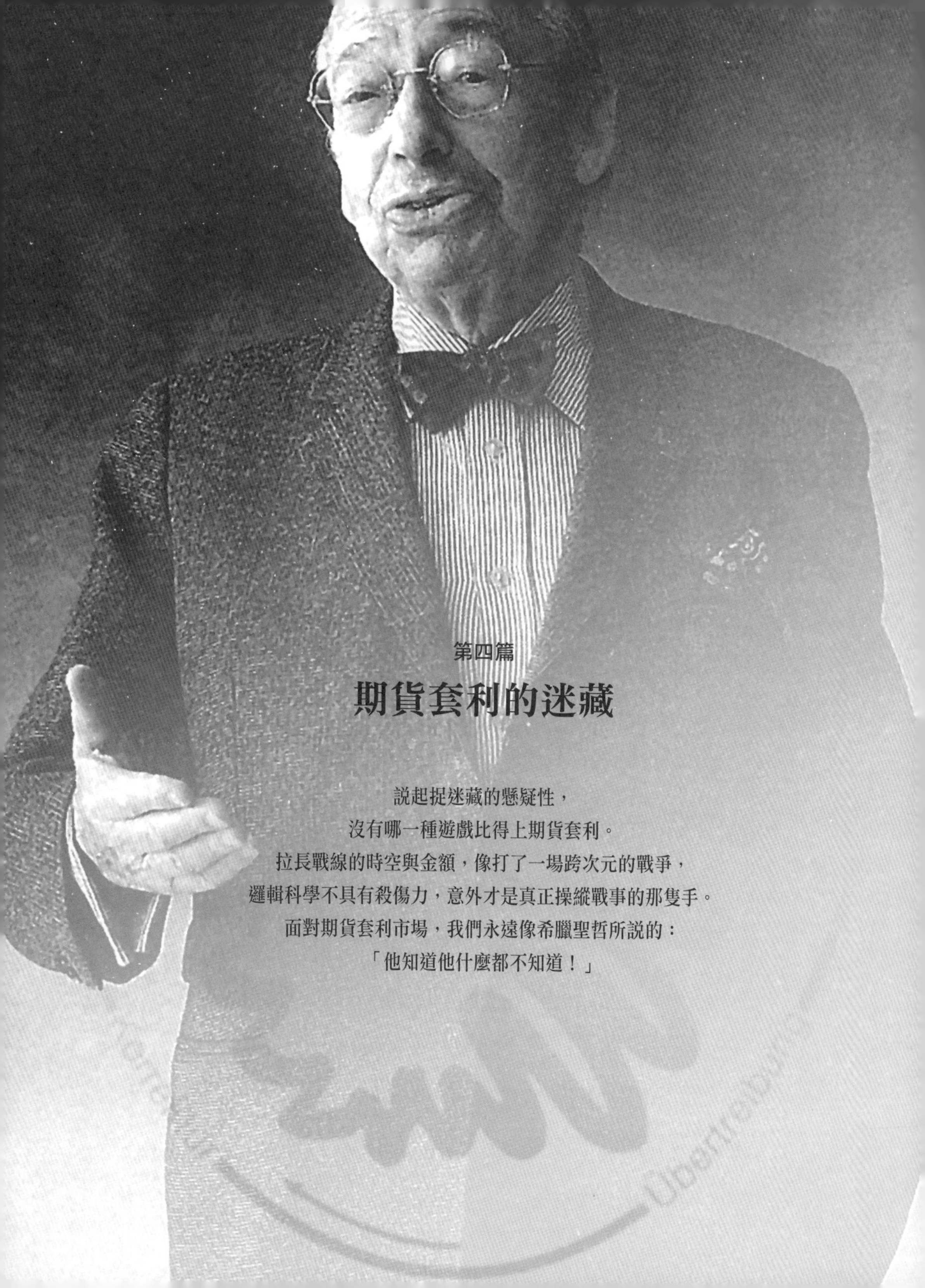

第四篇

期貨套利的迷藏

說起捉迷藏的懸疑性，
沒有哪一種遊戲比得上期貨套利。
拉長戰線的時空與金額，像打了一場跨次元的戰爭，
邏輯科學不具有殺傷力，意外才是真正操縱戰事的那隻手。
面對期貨套利市場，我們永遠像希臘聖哲所說的：
「他知道他什麼都不知道！」

41 臘肉—玉米—遊戲

羅斯福政府下令撲殺上百萬頭豬，
結果造成玉米價大跌，
遊戲就突然玩不下去了！

沒有什麼比市場調查報告更具有說服力了：收成、消費、庫存等，皆以無可爭辯、符合邏輯的面目出現，預測大豆、凍蟹以及豬肉的行情發展，幾乎就像兒童遊戲一樣簡單。只是人們容易忘記，**無法預料的事件對期貨套利交易的影響，往往比最精確的統計數據來得重要**。

關於這一點，我想講一段我的親身經歷。臘肉，是盎格魯薩克遜人早餐不可或缺的要角。一九三三年春天，臘肉成了股市的焦點。一支充斥歐美市場、來自芝加哥的股票經紀大軍，爭相發表自己絕妙的建議。他們發現了「百年不遇」的投機機會，並希望客戶從中獲益。自古以來在玉米和臘肉之間就存在著一個恆定的相對價格，因爲用玉米可以在「豬工廠」裡生產臘肉。如果我們設定玉米的價格是一〇〇，那麼臘肉的價格自然是一二〇。向來如此。

不可思議的是，當時的價格居然出現這麼大的落差：玉米的價格爲九〇，臘肉爲一三〇。任何投機者都必須抓住這個天賜的良機。人們只須在芝加哥的交易所購買玉米作多投機，然後以期貨方式將臘肉放空投機。因爲兩種貨物的差價太大，肯定會在短時期內調整差距。跟很多朋友一樣，我也禁不住一試。但事與願違，命運跟我們開了一個痛苦的玩笑。玉米價格愈跌愈低，臘肉價格愈爬愈高。失敗是殘酷的，也是無法理解的。

怎麼回事？原來華盛頓的白宮進駐了一位新主人：羅斯福（Franklin D. Roosevelt）。他開闢了一個新的時代，也是經濟的新時代。在他們手下推出了無數影響交易的法規，其一項致命的命令：準備撲殺上百萬頭豬。這一行動的結果將造成沒有足夠的豬來吃玉米，於是造成玉米價格大跌。另一方面，因爲沒有足夠的成豬，豬油同樣缺乏，最後又造成豬油價格直線上升。

食用油加工業受到了重大打擊。幾乎完美的投機生意夭折了，因爲我們一時大意，忘了即使在最保險的交易也要考慮到各種因素，**尤其要考慮意外事件**。

但是投機者總是在事後才明白。**這正是貿易投機所須承受的風險，否則就只是初級的一般貿易行為**。

42 炒國債

國債行情的漲落一如股票，
利用套利就可以從一種國債跳到另一種國債，
賺取蠅頭小利。

有些套利買賣的原因，是因爲兩種同一類型股票的差價過大或者過小。大套利的生意我有時賺過錢，更多的時候是賠錢。但毋庸置疑的是，藉由這些套利豐富了我的經驗。

這裡我想講述一次類似的證券交易。那是發生在戰前的巴黎證券交易所，我有很多同事都參與了那次交易。三〇年代，巴黎有很多人都在作法國國家債券的投機生意。

大小股票商集中火力炒國債，國債行情的漲落和股票一樣精采。那時有不同系列的債券——債息三%的、四%的，還有其他不同利率的債券。

交易所裡的遊戲者從一邊跳到另一邊以獲取蠅頭小利。這些人的想法很簡單，由於所有債券都一樣（同樣的發行人、同樣的貨幣、同樣的擔保），人們只須挑出價格明顯過低或過高的債券。此時的巴黎是套利交易的天堂，人們只須購買便宜的系列，牌價過高的則放空，這就叫「套利」。

三〇年代末出現了一種非常引人注目的局面：債息四～五%的債券牌價爲八〇，債息爲三%的債券牌價爲七〇。相比之下，後者的牌價明顯過高。任何商學院的學生都計算得出來，這在數學上是說不通的。但有一點可以確定：要不是後者債券價格過高了，不然就是前者價格明顯過低。

所有的人都不願放過這難得的機會。人們必須買進四～五%的債券並套利三%的債券，即放空。跟往常一樣，某一系列的債券會上漲，或另一類的會下跌。而這次「保險」的投機又是怎樣結束的呢？以巨大的災難而告終：四～五%的債券降得更低，到了七〇；而三%的債券上漲到無法想像的九〇。

事態的發展與這場未成功的投機初衷一樣合乎邏輯。債息四～五%的債券發行量很高，所以不斷發行上市；債息三%、一八二五年法國最早的國債，債券持有者幾乎都長眠了，市面上已經沒有這種債券在流通，放空者只好以愈抬愈高的價格重新買回來。所有的道理僅此而已。

結果損失慘重。由於這樁套利交易看起來如此保險，以致許多行家投入了大筆資金參與這項盛會。「萬無一失」的套利會以什麼結果告終，這正是一個典型的例子。

股市上精心策畫的投機也會失敗，原因不在合乎邏輯的錯誤，而在股市技術邏輯有時會戰勝基本資訊的邏輯。

即便是最先進的電腦也無法預算出這樣的情況。

43 完美的套利者

由於戰事，一系列無法兌現「長出長鬍子」的股票，他利用古巴這個稅務的避風港，剪掉息票的長鬍子，送往倫敦換成免稅美元。

在某種情況下和某段時間裡，我把套利生意看作是科學。做這種生意需要的不僅僅是一通短短的電話，還必須掌握全面、準確的技術知識。由於增加了對這類生意的限制，也由於貨幣管制、稅務規定等其他措施，套利生意在本世紀愈來愈複雜。在這種情況下，各種出色的成交必須經過精心策畫。

套利生意一直是指外匯套利，但因爲是建立在貨幣的地區差價上，現在已經在全世界撒下了網並超越了外匯套利的範圍。根據貿易的不同需要，套利者會從一個地區跳到另一個地區，用有價證券換取原物料，用股票換取國家債券，用債券換取貴重金屬以及各種自由貨幣或被禁封的貨幣。外行人根本搞不清其中的玄機。

在各種套利活動不到八天的過程中，整個交易可以周遊了世界八十個證券交易所，為它們的創製者和成交人帶來了巨額的盈利。

這個例子是發生在戰後年代裡一次超水平的環遊。

當二次世界大戰的魔爪漸漸收回之後，法國又開始重回自由的生活節奏中。在敵對的時期，資本由於現實和心理的因素中斷。外國有價證券的利息無法獲得支付。這一困難導致大衆失去信心，為保護自己的權益，他們在日益加劇的危險中，首先把自己和全部財產都隱藏起來，埋在樹下、藏在枯井裡或隱蔽在老樹林中的洞穴，有價證券就這樣等待著困難時期的過去，以便重見天日。

這些證券（主要是南非的金礦股票）的持有者，並沒有馬上跑去取出他們的藏貨，而是首先思考，突然間冒出這麼多的證券，會不會導致政府沒收。對馬丁先生和杜邦女士來說，幾年來他們一直相信，他們的財富只有一個避難所，只有唯一的一個安全港可以免受下一次的風暴——黃金。不是法郎，不是美元，只是純黃金：金條或拿破崙金幣。

人們必須把這些如睡美人般沉睡著的證券拋出，把這大批的債紙變成實實在在、黃澄澄的金屬。黃金的光輝再度發揮了作用，每一個人都相信，黃金會保護人們擺脫困境，要在金庫的最深層，把金礦股票換成金元寶或金幣。於是股票展開了奔向各個方向的急行軍。邊防交通的專家知道，他們的路應該從法國鋪向日內瓦，在那裡把金礦股票提供給一位美國套利者，他付美元買股票。

這位套利者，我的朋友庫克思（Lacy Kux），既不來自波士頓也不來自德克薩斯，他生於斯洛伐克。他是在維也納讀的小學，在倫敦和萊比錫學習國家經濟，在巴黎索邦大學研究古典文化。後來他來到阿姆斯特丹的證券交易所實習，之後到倫敦，開始在辛格和弗理德蘭公司（Friedländer）接受銀行業培訓。二次大戰期間他來到紐約，在薩特（Sutro）兄弟的公司領導套利業務。

簡而言之，他是一個完美的套利者。他的感覺極其敏銳，能聽出草從什麼地方長出來，並懂得在一秒鐘之內作出決定。他了解所有國家的規章制度，掌握所有與困難打交道的技巧。能賺大錢的套利機會不是每個人都能知道，也不會自行顯現出來。套利機會需要專家自己去尋找或發明。我的朋友庫克思就是這種複雜生意的傑出天才。當然，這畢竟是他的職業。

多虧他的美元，那些金元寶、拿破崙金幣等，所有盼望已久的黃金得以踏上通往法國的道路。由於金幣供不應求，法國的民眾甚至在黃金本身的價值上又加付一倍的額外酬金，並對那些把金幣從日內瓦或他處走私進來的走私犯，加付一〇％的獎金。

在華爾街一座摩天大樓第三十二層的辦公室，在豪華卻缺少溫馨的馬賽克玻璃籠子裡，庫克思正在考慮，這項也許是他套利生涯中最成功而奇妙的計畫，是否能化為現實。他用電話遙控，把這些在日內瓦的證券調往另一個國家，一個在稅務上沒有嚴格約束的國家：古巴的哈瓦那。

這些在戰爭年代埋沒於法國的股票已經「長出了長長的鬍子」，也就是說，它們是一系列無法貼現的息票。在古巴這個避風港，人們可以剪掉息票的長鬍子，再送往倫敦，在倫敦兌換成免稅的美元，因為這筆息票是用古巴的帳戶來結算的。

有價證券擺脫了息票的束縛，踏上了通往美國的旅程。庫克思在他的大本營裡作好下一步的準備：金礦股票再次橫渡大西洋到倫敦的交易所拋售。英國購買者用「被封禁的英鎊」（也叫做「交換貨幣」）來付錢。「交換貨幣」是只能用於購買其他有價證券的貨幣，也就是說，它只要一到美國公司的帳戶上就會被「封禁」。

庫克思在倫敦交易所用封禁英鎊購買巴西的國家債券，以及各種各樣的阿根廷股票（釀酒業的、麵粉加工業的、鐵路運輸業的等等），因為如果他用封禁的英鎊直接兌換美元，必須承受四〇％的損失。

然後他從曼哈頓的摩天大樓裡，把這些票紙調到布宜諾斯艾利斯和里約熱內盧，亦即它們的出生地。這些國家迫切期待股票又回到祖國懷抱。在阿根廷和巴西，人們用被封禁的克魯塞羅（Cruzeiro，巴西貨幣單位）和披索買這些股票。之所以被封禁，是因為在這兩個國家，人們只允許用錢購買受到出口補貼的產品：咖啡、可可、巴西棉和阿根廷凍肉。

庫克思現在擁有封禁克魯塞羅和封禁披索，但是沒有收回他在日內瓦花出的美元。

他用克魯塞羅和披索做什麼呢？他在這裡觸犯了一項巴西和阿根廷的嚴格戒律：對這裡的人來說美國就是美元，今天也是如此。「美國佬們如果想喝我們的可可和咖啡、想吃我們的肉，就必須付出強勢的美國鈔票——否則我們什麼都不賣。」他們說。但是那些戰後的窮親戚們，例如日本、芬蘭，獲准在巴西和阿根廷用封禁貨幣買商品。

我們的庫克思立即在赫爾辛基、東京拋出封禁貨幣，換成可可、棉花、咖啡或凍肉，從巴西或阿根廷進口。有時候遊戲還會繼續：芬蘭會把一部分買來的商品用來償還舊債。儘管芬蘭是一個受戰爭破壞的貧窮國家，它卻有美元付給在紐約的庫克思。因為芬蘭從她的森林裡向全世界出口紙漿。

人們可能會問，這場貨幣舞蹈表演的意義何在。為什麼赫爾辛基或東京會願意買進封禁貨幣，再用它們買進貨物商品？但他們本可以用他們的美元直接購買商品！原因很簡單：他們可以用很大的折扣得到被封禁的外匯。

這次證券旅行的程式是這樣的：法國人想拋出他們的金礦股票，並不惜一切地想得到黃金，於是股票的售價低得可笑，而付給硬幣或元寶等黃金的價格又過高。

因此，庫克思可以搞到十分廉價的克魯塞羅和披索，並以十分優惠的價格賣出，以致芬蘭人和日本人用這種貨幣從南美進口貨物，比他們直接用美元付款能得到更多的實惠。對庫克思來說也是一樁非常圓滿的生意：旅行結束，他收回了他的美元。

不過還有很多其他的方法。例如一家位於貝魯特（黎巴嫩首都，當時該城市被稱爲近東的瑞士）專營金屬貿易的公司發現，「交換貨幣」的禁律有一個漏洞。在一定的條件下，如果把英鎊轉到丹麥的銀行，便可以根據一九一七年的盎格魯－丹麥條約，把這筆錢用於購買英帝國的原物料。這一發現馬上帶來了利潤。在丹麥的國旗下，新加坡的鋅和馬來西亞的橡膠遠航到了鹿特丹。新加坡和馬來西亞當時隸屬英帝國，最終美國人用美元付帳，交易又圓滿結束了。

另外一個類似的漏洞是第三種方法的基礎。經英格蘭銀行同意，人們可以用封禁的英鎊從遠東購買白銀。這白色的金屬以硬幣的形式來到維也納，被鍛壓成瑪麗亞．特雷西亞．塔勒（Maria-Teresia-Talern）。它們被船運到吉布提（Dschibuti），那裡的人會買下這些銀幣，以便在阿本西尼（Abessinien）購買貨物。

儘管聽起來不可思議，但是這些印有哈布斯堡王朝女皇頭像的銀幣，居然是尼格斯王國官方認可的流通貨幣。由於塔勒的買入者用美元結帳，交易又圓滿結束了！

在這場貨幣和商品的遊戲中，在倫敦售出的金礦股票後來怎麼樣了呢？一部分股票也來到了約翰尼斯堡，以抵換後來回到英國的國家債券。戰後時期各地區的國家債券都開始了一股回鄉運動。阿根廷人把他們的釀酒廠和鐵路股票又買回來，巴西人買回國債，南非人買回金礦股票，而英國人買回在國外的各種有價證券，這場恢復國籍的潮流不可避免地影響了全世界的市場。這也並不新奇，因為早在一九三〇年以後，當債務國買回他們的國債時，在受到外匯限制的歐洲中部國家和美國之間，就出現過這種反應。

另一部分金礦股票從不記名證券搖身變成了背書票據，並以這種形式回到了巴黎的地盤。另一些馬丁和杜邦們買下它們，但這回不再有什麼秘密，而是直接用不必在財政部長面前躲避的鈔票。

44 羅斯福這麼毀了我

第一戰略產品橡膠，敵國產品絲綢，
進口會受影響的胡椒、鋅和澳大利亞羊毛，
都慘遭羅斯福政府限價政策扼殺！

股票跌價的時候，很多人都夢想另一種投機，商品期貨。這是做不同產品的投機，比如可可、麥子或豬肉。

當我還是孩子時，就聽說過商品期貨投機，與我家的傳統緊密相連。我孩提時代的匈牙利是糧食生產大國，布達佩斯的商品交易所是歐洲大陸上最活躍的期貨市場。人們盡情地買賣麥子、燕麥或杏子醬。吹毛求疵的人在芝加哥或利物浦操作，收成前景、消費統計和天氣預報成了人人口中的話題。一個特別炎熱的夏季，或者一場盼望已久的大雨，對投機者可能意味著財富或者破產。

許多年之後，我在巴黎實習期間曾驚訝地親眼目睹，那些巴黎商品交易所裡的紳士們，每隔十分鐘就從大廳跑到街上觀察天氣。當時最大的遊戲商品是糖，糖蘿蔔（甜菜）的生長需要大量雨水。如果天是藍的，糖價會上漲幾個點；烏雲密布，它又會跌回去。這是交易所的短期邏輯。即使兜裡裝著精確晴雨錶的人也不敢保證，它會給他們帶來財富。

當然對埃及法老約瑟夫（Josef von Agypten）來說這很容易，他無疑是歷史上最成功的投機商。法老七隻胖牛和七隻瘦牛的夢，是對他偉大糧食投機的準確預示。他在七個豐年買入穀物，又以鉅額的盈利在欠收年賣出。但是七千年後的今天，我們投機者沒有這麼準確的資訊。二十世紀的交易商依賴於統計數據和電腦。正如我在「臘肉—玉米—遊戲」中說到的，人們經常忘記了那些無法預測的事物。然而不幸的是，無法預測的事物在投機交易中的作用，往往比最準確的統計數據還大得多。

這裡我只想講述我衆多回憶中的一項：那是一九四〇到一九四一年之間，歐洲已陷入戰事，當時我生活的美國還處於中立狀態。由於我當時手頭有很多現錢，所以想做點什麼。但美國也已充滿火藥味，我不想買有價證券，於是開始研究商品市場。我希望自己不僅聰明，而且還是天才，所以我沒買麥子、玉米和棉花；這些產品出自美國本土，不會缺貨。我反而認爲，遠方熱帶國家商品的進口會愈來愈有限。由於潛艇戰的危險，和由此引發的航運費和保險費的上漲，即使在中立的美國也肯定會不可避免地漲價。再說，人們預計美國最終還是會參戰。

這是當時的形勢。我列出了一張期貨商品清單，居首的是橡膠，第一戰略產品；絲綢，考慮到與日本的敵對關係；胡椒和鋅，從爪哇島的進口會受到威脅，最後是來自遙遠澳大利亞的羊毛，如果戰爭爆發，會需要很多軍服。

理論是奇妙的，實際卻是另一回事。橡膠具有如此重要的戰略意義，以致在美國參戰之前，便由政府調控到很低的價格，這是在和平時期從未有過的措施。絲綢保持穩定的行情，因為有人發明上市了尼龍，對自然絲的需求量大大降低。後來爆發與日本的戰爭，行情的確飛速上升時，絲綢貿易在交易所被禁制了。契約被賦予強制價格，這個強制價當然更低。羊毛的行情發展也出乎預料，大型貨輪把武器運到澳大利亞，返程時為了不空跑，裝滿了整船的羊毛。羊毛進口增加使儲備量上升，從而抑制價格的上漲。出於類似的原因，胡椒和鋅的行情也好不到哪裡去。

相反的，一項純美國的產品似乎才是眞正的投機商品——儘管這不符合任何邏輯。羅斯福總統雖然很有權威，但他被迫在某種程度上為了表現親英政策，他需要來自南方和中西部的選票，所以向棉田主和棉農保證，給他們的產品提供貸款擔保，不僅支持棉價，甚至還要促成棉價上升。羅斯福就這樣奪走了我的財富。

不可預見的事物再次改變了看似最保險的算計，在其他多次情況中我遇到同樣下場。戰爭、和平、革命、社會安定和內政、外交等各種其他因素都跟資訊一樣，是投機者必備的資料，有時甚至更重要。在這裡科學止步，人們開始用直覺下判斷，而直覺是幾十年經驗的產物。

45 黃金走下領獎臺

投資人應把黃金歸為邊緣資產，投資的價值應以標的物現有或未來可能的獲利評價。

黃金的歷史可以追溯到幾千年以前。但是四十年前開始的這段歷史就像部冒險小說。有趣的是，這部小說的第一章，是在二次大戰結束以後才開始寫。因爲一九三九年以前及戰爭時期，「黃金」和「金價」這些名詞還根本算不上話題。

在戰爭爆發前的幾個星期，全世界都已肯定戰爭會到來。在法國這個極度拜金的國家，黃金已進入交易，人們可以用比金價便宜的價格買到金元寶、金塊或者金製的物件（盒子、罐子等）。我今天還收藏著那時便宜買到的許多金罐，並不是因爲喜歡黃金，而是因爲它們很漂亮。由於對戰爭的恐懼，儲蓄的人更喜歡黃金而不是鈔票。就是在戰爭時期，黃金也在整個歐洲，準確地說是在里斯本，即運往美國物資裝船的地方，以每盎司低於三十五美元的價格進行交易。

歐洲政府，尤其是德國和義大利，需要的是美元而不是黃金，因爲用美元可以買到戰爭需要的所有物資。在法國，只有經歷過一次世界大戰的老人們才買黃金，但這個需求量與交戰政府的巨額美元需求相比，顯得微不足道。

在這種情況下，里斯本黃金的價格必須低於美國的買入價，因爲要把運費和高額保險費（由於戰爭的緣故）算進去，另外還要加上七至十天跨洋運輸期間的利息損失，以及操縱這類貿易的套利賺頭。歐洲的銀行作爲賣方，美國銀行什麼都買。一九一四年我曾經問哥哥，爲什麼皇家帝國政府需要黃金，他極有遠見地回答說：「爲了買美元。」

但是戰爭結束後，由於布列敦森林貨幣金融會議條約（Vereinbarungen von Bretton Woods）的簽署，黃金熱又慢慢回升，並在往後的幾年裡不斷加溫。

當時無論是做金錠還是金幣的黃金貿易，最大的水陸轉運地是一個當時的關稅綠洲，一切都是自由的——摩洛哥的丹吉爾和蘇黎世，那裡是一片中立的土地，沒有任何限制和外匯管理條例。內行的行家從丹吉爾、蘇黎世和日內瓦以金幣的形式，把這種貴重金屬走私到歐洲的所有國家，特別是到巴黎，那裡嚴格禁止任何黃金交易和黃金進出口，儘管丹吉爾和蘇黎世的黃金價格已經遠遠高於官價，但法國人還會在此之上再多付出五〇～一〇〇%的金額。因爲只有國家銀行可以用平價購買黃金，所以經常出現這樣的情況：法國人尤其偏愛拿破崙金幣，在購買這種金幣時，他們往往付出比金幣面值多一倍的價錢。

像在文學和神話中證實的那樣，自古黃金就對人們有一種魔力，但是作爲投資人應該把它歸類爲邊緣資產。在我們的資本主義體制中，我們對投資的價值只能以現有獲利或將來可能的獲利來衡量。黃金像寶石一樣，只能在各自市場的範圍裡進行評價，而且常常是被大幅度操縱的物件。由於供需關係經常由心理因素所決定，生意就更簡單了。投機商最有效的抬價吸引百姓買黃金的辦法是：**他們自己首先購買**。

由於礦裡的黃金是南非最大的外匯支柱，且金價對南非意味著生存與否，所以南非政府不惜一切抬高金價。由於開採數量大於工業需求，政府保險櫃裡的金錠有時會堆積成山。只有讓老百姓嗜金如癖，才能再抬高金價。爲了喚起公衆的購買欲，某些國家銀行也以買主身分出現。在這場戰鬥中最好的武器，就是國際貨幣的混亂。八〇年代初，當德累斯頓銀行（Dresdner Bank）在黃金聯合企業扮演主要角色時，也如法炮製。

南非統治者哄抬金價，已得到了最權威方面的百分之百的證明。一九七二年十月在倫敦舉行的一次黃金會議上，我問瑞士銀行協會（也是南非政府的家庭銀行）的會長：南非作爲最大的生產國是否會購買黃金。對方的回答言簡意賅：「南非政府自己不買黃金，但是我們銀行替政府買。」然後他講得更明白：「當干擾因素（他指的是和平、價格穩定、社會安定等）發揮作用，或俄羅斯拋售黃金影響價格時，我們必須干擾黃金市場，支援金價。那麼對我們有利的時期（他指的是戰爭、革命、社會動亂、通貨膨脹、洪水、火災）便會到來，那時我們可以再賣出。」

有一個老笑話更傳神地解釋這個過程。年輕的格魯離開他的村鎮，來到布達佩斯做生意。幾個星期之後他給父親打電話彙報：「爸爸，我做了一筆好生意。我用一〇〇的價格買了很多羊皮，現在已經漲到一一〇了。」

「太好了，我的兒子，你很能幹！」

一個星期後他打電話，高興地報告：「爸爸，羊皮已漲到一二〇了。」

「太好了，我的兒子，你是個天才。」

兩個星期後他又打電話，歡呼著：「爸爸，羊皮價格現在是一五〇。」

「妙極了，」父親說：「現在賣出賺錢。」

「賣？但是賣給誰啊？我正買呢。」

46 我的秘密黃金投機

金價上漲，理論家受侮；
金價下跌，實踐家生氣。

我是天生的投機者，我的競技場就是交易所。但我也是一個理想主義者，經常把自己的能量花在沒用的東西上。我想戰勝那些人，那些只把生活繫在黃金上的人，那些出於理論信仰或只是投機原因哄抬金價的人。我在電視、報紙和咖啡廳裡一直重複說教：「那些人是在胡鬧。」

可以理解，首先是南非人希望能加倍提高他們唯一且源源不斷的出口產品價格。衆所周知，南非人在過去一段時期寧願欠債，也不用黃金付款，因為他們堅信，金價會再漲。這場運動在一九六七、六八年交接之際大規模行動。我必須承認，這場波及全世界的風暴，甚至嚇倒了我這個積極的金價穩定捍衛者。我雖然有堅定的信念，但還是屈從了。像一位希臘哲學家說的：「**他知道他什麼都不知道**。」一個眞正的投機者雖然信念堅定，但必須知道他自己是會錯的。在這場全世界黃金投機的「瘋」潮下，我一天早晨問自己，我是不是錯了。在那天早晨，當時的美國國家銀行董事長馬丁，從瑞士的巴塞爾飛回華盛頓。我縮回到我的象牙塔裡開始思索：如果金價眞的違反任何邏輯上漲了，我還敢到街上走、去咖啡廳坐嗎？我會在那裡遇到熟人，我曾經向他們灌輸我的「黃金理論」。

於是我抓起了電話，打到瑞士買黃金。哎，我墮落得多深呀！像那些愚蠢的投機者一樣買起了黃金，跟著那些虛僞的預言家、理論家的屁股後頭跑，他們以嚇唬老百姓而獲利。

我從日內瓦的瑞士信貸銀行貸款買了一萬盎司黃金，當然是秘密進行的。但由於一個朋友洩了密，讓我的叛徒行徑上了巴黎一家大報，成爲熟人幸災樂禍的笑料。但我沒成爲變節分子！我並沒有買黃金，只是接受了期貨自由選擇權。黃金只會漲不會跌。哪一個投機者會放棄提供給他的自由選擇買賣？我甚至會在科隆大教堂上毫不猶豫地接受自由選擇權。另外我也受一種想法牽引：我從未懷疑，商品禁運令會引起私人領域的商品價格變化。如果我必須出醜的話，希望至少能給我的恥辱加上一絲安慰，在經濟上能有一點收穫。假如金價眞的漲了，我也可以走向收款檯。

後來發生的事已成爲歷史。四天之後，政府頒布了黃金禁運令，私人市場上金價開始緩步上漲。但是並沒有像許多投機者夢想的那樣，官方價格沒有漲到不可思議的地步。在這一點上，未來希望也不大。

我滿意地看到自己的分析是正確的。不過我現在坐在兩張凳子之間：金價上漲，理論家受侮；金價下跌，實踐家生氣。但是如果一個投機者既發表高談闊論，又憑感覺去作多時，事情就會變成這樣。

47 亨特兄弟的白銀壟斷

想要成功壟斷，必須有把握擁有無限的資本，並掌握國際貨源的絕對控制權。

現在我要跳到另一個話題，儘管我還停留在貴重金屬領域。我想講幾句和白銀有關的投機冒險。在過去的五十五年裡，我親自參與了這些冒險。

這種白色金屬的歷史，是一篇光榮的英雄史詩。雖然早在古希臘就已鑄造了銀幣，但英雄時代卻開始於西班牙殖民時期。那是十六世紀，西班牙的占領者發現了童話般的美洲大陸，並向他們的國王發回了令人震驚的報告：用他們發現的奇妙銀礦脈，可以打造一座銀橋，橫跨神秘的秘魯海岸到馬德里之間。

四百年後，白色金屬再次施展出魅力。這回它的魅力，在羅斯福總統的親密朋友小亨利．摩根索（Henry Morgenthau Jr.）身上發生了作用。小亨利一向知道如何把他最喜歡的想法化為現實。

一九二九年以交易所黑色星期五為開端的危機，在一九三三年發展到了登峰造極的程度。發生信用危機的國家，在銀根緊縮政策和通貨緊縮之中窒息。摩根索認為，藉由提高銀價可以緩和這種局面。另外白銀生產國出於自私的原因對美國施加壓力；政府也希望白銀生產國（例如墨西哥），和白銀儲備量大的國家，可以提高購買力。

在沒有一個雙貨幣計畫的前提下，摩根索希望幫助聯邦準備銀行和美國政府的金庫增加白銀的儲備，它與黃金股票具有同樣的作用。一項法令規定了美國政府購買自產白銀的價格，並且禁止進口外國白銀。倫敦交易所掛出了新高牌價：大約每盎司七〇先令。

在這以前，倫敦的白銀牌價是每盎司十五先令。當時在美國市場上沒有白銀的自由貿易。

這大幅的差價當然對全世界的投機者都極富刺激性。他們蜂擁到倫敦（我也不例外），用比摩根索更低的買入價買進大量的白銀。人們預計，隨著時間流逝，這種差價會被拉平，至少會縮小。

行情上漲得很慢，但大幅的差價仍然使這場交易充滿樂趣。倫敦的期貨市場上，許多投資者以不斷上漲的價格繼續收購白銀契約。

但是！這時出現了不可預見的「但是」——那些隱藏在印度的白銀漸漸在美國大量出現。摩根索陷入沉思。由於銀源永不枯竭，他必須在白銀上投入愈來愈多的美元。一夜之後，議會否決了前文提到的那項法令。買銀被禁絕了，香港、孟買，當然還有倫敦的行情頓時暴跌。

在這次投機中，我和其他同事一樣成爲紙上的百萬富翁。因爲倫敦的牌價曾經漲到五〇美分，帶給了我天文數字的盈利。但二十四小時之後，我的百萬財富便消失無蹤了。最後我只能拯救我這身皮囊，這還是因爲我在價格下滑的過程中急速調頭，因爲巧合才放空了一小部分。

將近三十年之後，這白色金屬給了我一個小小的回報。我又以九〇美分的價格買進了白銀。這個價格是美國政府人爲制定的最高限價，爲的是不讓價格飆漲。

當時的形勢和徵兆促使再度我加入了白銀的交易。化學工業大量買進白銀，但白銀的庫存並不多。另外我接到一個朋友（他在美林證券工作）的電話，告訴我，聯邦準備銀行已經接到命令，不允許再提供美國公民代辦購買白銀契約的業務。這種情況下投機者該怎麼做呢？我給一直維繫友好關係的洛桑工業銀行打電話，問他們是否可以爲我購買一大批白銀（好可以保値），同時先資助我一筆錢。對方首肯，他們執行了我的合約。十四天之後，美國政府把最高限價提高了三三%，到了一二〇美分。計畫成功了，雖然只帶來了很小的收益。

我的第一次白銀冒險剛剛過去四十年，這種貴重金屬就又成了大家的話題，全球新聞都在報導亨特兄弟（Hunt-Brüder）轟動一時的白銀交易。這兩位德克薩斯州的百萬富翁，早已藉由其他產品（如石油、大豆等）成功交易而聲譽鵲起。八〇年代初，他們制訂了如下計畫：買下全世界的白銀準備，哄抬銀價，再以天文數字的高價供銷白銀。這種形式的交易在行話中叫做「壟斷」，對應的德語是「Ring」，意思是「臨時買賣投機聯盟」。那一群投機商買進所有的產品和庫存，再藉由大量的宣傳引誘大眾進行投機買賣，也就是說以期貨和貸款方式購買商品。

亨特兄弟的基本思想是：產品生產和消耗之間的差距會愈來愈大。比如說世界上日益普遍的攝影嗜好，還有對化學工業其他產品的需求，都會造成這種差距。亨特兄弟控制了很多銀礦，壓低了白銀的產量。透過聰明的宣傳，他們成功地誘導公眾加入了投機買賣。作多者認爲這是萬無一失的買賣。經紀人給所有的客戶打電話，遊說他們一定要參加白銀交易，理由是：亨特兄弟在買，而且他們肯定知道爲什麼而買。

同時另一群投機商正在進行放空交易，也就是說，他們賣自己還不曾擁有的白銀，希望以後能用更低的價格再買回來。在美國、孟買、墨西哥城，在所有自產白銀的城市都有數千位這樣的投機客。他們一致認爲，現在的價格已經太高了。

但是價格還在繼續上漲。投機聯盟不斷減少白銀的流通，直到它們幾乎從市面上消失。價格還在繼續攀升，放空者更加瘋狂地放空期貨合約，股票經紀人也繼續給客戶打電話，建議他們繼續購買白銀股票，原因是亨特集團的放空投機會夭折的……老生常談。

於是訂購單雪片般飛來，行情飆漲。因爲這個遊戲太簡單了：人們只需付一〇%的風險抵押金，便可以進場一試身手。行情在這種形勢下從每盎司五美元漲到五〇美元。全世界的投機者都屏住呼吸，等待這場超級賭博的結局。我的一位金融記者的朋友跟我打賭，牌價會漲到每盎司五〇〇美元。我徒勞地告訴他：官方會干預的，因爲某些團體已對白銀暴利驚呼「駭人聽聞」了。他回答說：「這沒關係，財團不怕政府。」白銀工廠前排起了長長的隊伍，人們從未能把家裡的銀子賣到這樣好的價錢。

沒有人想到這場白銀的繁榮，會由於政府和交易所協會的干涉而戛然停止，但它還是發生了。多虧諸如新貸款條例等不同的措施，壟斷財團的空中樓閣倒塌了。

亨特兄弟首先忘記了一點：**要想成功地「壟斷」，必須擁有無窮的資本，並掌握國際貨源的絕對控制權**。只有能迫使放空者用高如塔閣的價格買進商品，才能眞正扼殺他們。

一個更大的金融家，美國政府的白銀壟斷，是對此最好的例證：她眞的擁有無盡的資本，也就是聯邦準備銀行的美元。

亨特兄弟肯定不知道這句成語，所以，人們才會將他們的行爲稱爲：「永不成功的壟斷」。

48 永不成功的壟斷

和亨特的白銀壟斷如出一轍，
人們把燕麥壟斷稱為「永不成功的壟斷」。

一次世界大戰以前，布達佩斯的糧食交易所是歐洲最重要的期貨市場，因爲匈牙利是中歐的糧倉。有期貨交易所的地方就有很多操縱的機會，我講的操縱是控制價格的漲跌，尤其是當這種價格是由某個團體來操縱的時候。燕麥經常是這類操縱的標的物，它是那個時代的汽油，是交通工具馬的飼料，特別是在軍隊裡。

一小撮投機者在世紀之交計算著，根據收成統計、天氣預報以及皇家軍隊的預計消耗，人們必須把方向定爲作多投機，隨時準備伺機支援人爲漲價。

部分作多投機者爲此成立了一家「辛迪加」，制訂了周密計畫。他們用假名在全國買進所有的燕麥，以封鎖實體商品，同時在交易所逐步買下期貨合約。此時放空者被慢慢上漲的行情驚呆了，他們曾堅信皇家軍隊的燕麥需求已經解決了。另外他們從芝加哥的通訊員那裡，也得到了悲觀的價格預報，因爲中歐的收成會很好。

但當價格持續上漲時，他們突然發現，在這場運作的背後隱藏著一個陰謀，但對這個陰謀能否成功又都表示懷疑，於是放空更多的燕麥期貨合約。這樣就又一次形成了一個典型的壟斷局面。這和亨特的白銀壟斷如出一轍，在兩個例子中「辛迪加」都買進了比實體商品還多的期貨合約。這次壟斷就是著名的燕麥壟斷，布達佩斯交易所裡幾十年後仍議論不斷。

由於匈牙利的天氣預報不樂觀，人們本來能夠事先估計到這次對放空者來說災難性的漲價。但他們不是笨蛋，絞盡腦汁設法讓壟斷終止。有個放空者想出了一條妙計：人們應該在匈牙利的新聞界展開一場政治宣傳活動，抨擊哄抬物價的可惡傢伙，標題爲〈讓軍隊挨餓的人〉。然後派一個代表團到國防部，挑撥軍方與剝削者對立。放空者的消息說，軍隊的燕麥需求已得到了解決，這是錯誤的。

作多者每天早晨都在交易所旁邊的一間小咖啡館裡用早餐，共商大計。一天早上，所有匈牙利報紙集體刊登了控訴股市魔鬼的文章，說他們想利用並破壞國家軍隊，對這一叛國舉動，高層人士必須設法干預。新聞攻擊的主要目標，當然是辛迪加的總裁薩多（Armin Sandor）。他是一個聰明過人、詭計多端的股市老狐狸，掌握這一行的所有伎倆。人們直接用最嚴苛、最難聽的字眼咒罵他。

辛迪加的成員坐在咖啡廳裡等待著上司的反應。終於，他來到咖啡廳，坐到桌旁，點了一杯帶皮（早期中歐喝咖啡不是加奶，而是加煮牛奶時生成的奶皮。）的咖啡和一塊牛角酥，好像什麼都沒發生一樣。終於有一個成員耐不住性子問他，怎麼看當天的新聞。他說：「我只讀《泰晤士報》。」（大家必須知道的是，薩多一句英語都不懂。）對他來說事情就這麼了結了，但壟斷還沒有結束。放空者代表團受到了國防部長的接見，他干涉匈牙利政府，後來布達佩斯的銀行也要求立即取消為購買實體商品而發放的貸款。於是壟斷以損失鉅額投資收場，放空者們又一次坐收重利。我強調「又一次」，是因為在燕麥生意上已有過很多壟斷集團，這些人出於某種原因總是不能成功，而放空者卻總能獲利。所以人們把燕麥壟斷稱為「永不成功的壟斷」。

有趣的是八〇年之後，我自己從這個故事得到了好處。我結識了倫敦《泰晤士報》的總編，然後給他講了這個故事，他聽得非常開心，免費給我訂了一年的報紙。為求回報，我又給他講了第二個有關《泰晤士報》的故事：

我在巴黎有一位同事叫盧文格（Löwengard），他在法蘭克福出生，卻處處顯示其「英國風範」。一九四一年世界大戰爆發時，原藉德國的他害怕留在法國或英國，於是搬到了瑞士，在那裡度過了整個戰爭時期。一九一八年戰爭結束後，當他找到蘇黎世領事館想延長他過期的英國護照時，領事冷冷地看了他一眼，檢查了護照並嚴肅地問：「你在戰爭中爲英國做了些什麼？」盧文格鼓起最大的勇氣回答：「我每天早晨讀《泰晤士報》。」我的總編朋友大笑，把免費贈報延期到兩年。

爲了表示感謝，我告訴他《布達佩斯週報》上，最受讀者喜愛的欄目標題名稱也跟泰晤士有關。在這個欄目裡，可以讀到城市中一切流言蜚語和床笫故事。

這裡我還要提到，匈牙利媒體界流傳著很多故事和笑話，我最喜歡以下這則故事：

在一個三千居民的小鄉村裡，鄉村小報的總編晚上來到聚會桌旁。他激動地說：「普魯士的國王會氣死的，告訴你們，他非氣死不可。」

「發生了什麼事？」在場的人問。

「我寫了一篇嚴厲批評他的文章。」

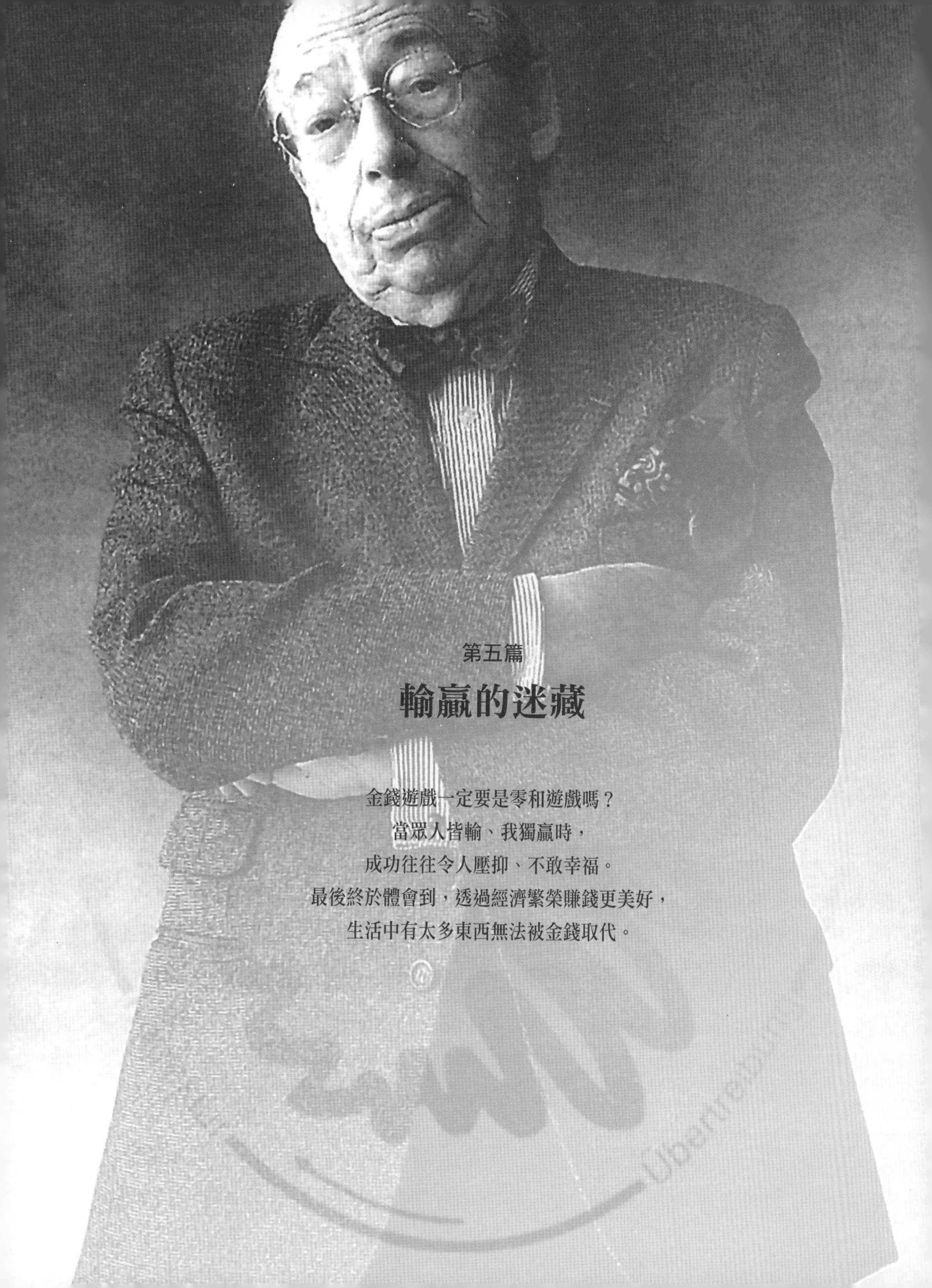

第五篇

輸贏的迷藏

金錢遊戲一定要是零和遊戲嗎？
當眾人皆輸、我獨贏時，
成功往往令人壓抑、不敢幸福。
最後終於體會到，透過經濟繁榮賺錢更美好，
生活中有太多東西無法被金錢取代。

49 主人還是奴僕？

投機世界或人類世界，
哪個地方不是成者為王，敗者為寇！

這是一個古老的事實：在那些把投機當作傳統議事日程的家庭裡，在股市上成功的成員被稱作天才，其他那些運氣不佳的則被稱爲笨蛋——儘管我還記得，在匈牙利和法國，父母總是把不適合上大學最笨的兒子派去股市，其他孩子則必須接受高等教育。順便提一句：大多數銀行的老闆，也不過是從打雜做起，然後經由實習學到了手藝做成了事業，一旦成功，便被授予天才的頭銜。

在布達佩斯，有一戶受人尊敬的富裕人家叫波利澤（Politzer），在布達佩斯的證券和商品交易市場上扮演重要的角色。其中一個兒子叫馬帝亞斯（Matthias），是個聰明的投機者，爲了能獨立投機，他離開了家庭。

有一天馬帝亞斯投機失敗，失去了所有財產。爲此，家族成員還集合起來，審查了馬帝亞斯的投機，作出了一個嚴厲的判決：「馬帝亞斯沒有證明自己是合格的主人，現在他必須成爲下人。」——「主人」意味著可以獨立投機的人，「下人」不過只是家族企業運作中的一個小小輪子。

而馬帝亞斯是個遊戲者，投機的魔力沒有放過他，於是他繼續研究從芝加哥、利物浦到布達佩斯的所有的行情彙報。有一天他發現燕麥和黑麥之間的行情差距是不合理的，很值得投機。於是他用很小的數目開始，行情發展正如期望，他得到了第一筆獲利，最後他又爲自己重新創造了一小筆財富。結帳之後，他離開了家族企業的小職位，宣布他要再次獨立投機。家族成員再次集會，經過長時間的爭論得出了新的判決：「馬帝亞斯證明了自己是合格的下人，他現在又可以成爲主人。」

每當我聽到形形色色的銀行經理榮升和失敗時，經常想到這個故事，每個金融家的命運都與我的朋友馬帝亞斯的相似，其實這個故事的教訓適用於整個人生和所有職業……。

50 經濟第一

經濟第一，金融第二

任何政策無法摧毀原本體質健康的國家。

根據我的經驗、知識和見解得出以下的結論：**貨幣的命運直接與該國的命運相連**。前文已經說過，貨幣只會在自己的床上死去，也必須在自己的床上康復；貨幣的質量和未來取決於一國投資者、企業家、經理人及政治家的道德能力。一言以蔽之，**貨幣取決於國家經濟實力**。

決定貨幣價值的首要因素是，國家對自己的能力和未來有沒有基本的信心。有了信心就有了一切，財務和貿易收支逆差（尤其是當貨幣與國民生產毛額相對不重要時）是枝微末節。**缺乏信心，所有的經濟和金融政策都不管用**。

由於我對美國國家的實力樂觀，自然對美元也深具信心。這種樂觀源自一所

「學校」，我在那裡度過了我的青年時代：二次大戰處於最艱難時期的美國。我在那兒唯一的工作和消磨時間的方法就是到處聽聽看看，關注時事——當然包括華爾街，並根據經驗研究分析。我從這所學校學到的一切，組成了今天我對經濟、政治和金融一點見解的基石。

在那段時間裡，我當然也是投機者，並活躍於華爾街。我也這樣付出了比原本應在哈佛商學院付出還高得多的學費。所以我的結論是：**少做加減乘除的四則運算，多思考，數據只是表象，甚至經常只像肥皂泡一樣破滅的幻想**。它背後的東西和眞正原因才更重要。

由於我不僅是股票商，還是音樂愛好者，所以我的比喻也經常來自音樂。在十八世紀的文學沙龍裡最喜歡辯論歌劇：在歌劇中什麼領先？什麼更重要？是音樂還是歌詞？幾十年來我們反覆遇到這個問題：經濟第一，其次是金融？還是正好相反？我的決定毋庸置疑是經濟第一。我承認，在我們的政治體制中，**金融就像歌劇中的歌詞有一定的意義，但發揮不了決定性的作用**。

對股票投機者來說，因爲國家的財政狀況會導致不同的政府措施，金融政策對行情的中期變化會有一定的影響，然而長期行情則是受心理因素影響。

經濟第一、金融第二。例如一家擁有出色機器和產品的工廠，有可能因爲一項不負責任的金融技術而破產，股東失去投資的錢。但是便宜買下該企業的新廠主，卻能夠將工廠再次扶植起來，並生意興隆。

或者把人的身體、器官與經濟對照，把生活方式比喻成金融政策，畫面會更清晰。不正常的生活方式無法摧毀健康、堅韌的體魄，它們雖然對身體有害並造成很多麻煩，但不一定致命。但是先天體質不佳，即使要求最謹慎嚴格的生活方式，也健康不起來。**輕率的政治領導也無法摧毀堅強、有實力的經濟體，至多會使經濟暫時陷入困境**。

所以我堅稱，雷根總統（Ronald Reagan）不是魔術師，他的成就，其他政治領袖也能做到。美國能在沒有通膨的情況下經濟成長不是雷根的成就，是山姆大叔的成就。

班．古里安（Ben Gurion）曾說過：「不相信奇蹟的人是不實際的人。」雷根，一個實際的人，當他想同時與通貨膨脹和失業戰鬥時，他卻相信奇蹟。雷根的經濟計畫公布後，部分專家、經濟學者和受過訓練的高級會計師諷刺地說：「連雞都會笑。」他們徹底忘記了，從書本上學到的公式和理論不一定與實際有什麼聯繫；另外，其他國家有關經濟的經驗還不適用於美國。直到雷根的希望實現了，他們才不得不承認，美國以它的經濟實力，也能夠解決在他們眼中視為無解的問題。很簡單，雷根有新的主意。

但是他並非無法取代，克里蒙梭說：「墓地上躺著成千上萬無法取代的男子漢。」而我則在卡特總統（James Earl Carter, Jr.）執政的不幸幾年間，當全世界都在嘲笑美國時寫道：「**總統們來去匆匆，而美國巍然不動。**」雷根贏得了大多數人民的信心，已經說過了，這是最重要的，**因為自由的體制建立在信心之上，沒有信心就沒有貸款，而沒有貸款就沒有經濟進步**。

知識分子蔑視地評價雷根是一個演員，甚至是一個糟糕的演員。但是難道只有教授、國家公務員或工會領袖有資格通曉政治和經濟嗎？很多年前在雷根競選期間，我問年輕時代最好的朋友，他在戲劇電影界長大，就像我在交易所長大一樣。演員是否能是一個聰明的人？回答是：「而且是十分聰明！但是他不會一直做演員。」

51 監獄或綠林

自由與計畫經濟孰強？
有太多人假自由之名掏空小投資人的口袋，
所以我更偏好擁有強大主權的經濟體。

一直以來存在著一場爭論，那就是絕對的自由或計畫有助於經濟發展，離開科學的經濟或離開經濟的科學，是否還能存活？其實最絕妙的表達，應該是綠林或監獄。

這兩種極端的差距很大，每種理論的捍衛者都有無數的理由證明自己的觀點，絕對的經濟自由應該走向綠林，然後導致危險的政治結果。我承認，如果綠林中只有天使，至少還有優點。可惜的是那裡也有猛獸出沒，不僅攻擊同類，還傷及無辜。

所以我更喜歡主權強大的國家，雖然以實用主義行事，卻仍保持法律和秩序，保護弱小不受強者欺凌。過去一段時間，德國投資者在自由的藉口下蒙受很大損失。無名、奇怪的投資基金、石油投資和冒險，輕率的期貨生意，奪走人們辛苦掙來的每一分錢。

人們可以在不危及自由企業經營、利潤、自由競爭的前提下控制經濟，對經濟不加干預的日子終於一去不復返了。另外中央銀行也總能以貨幣政策干預經濟。

如果不是出於某一政治目的，國家或金融主管機構適當的干涉甚至是受歡迎的。但現在大多數國家利用貨幣、貸款、關稅、稅收政策，提供部分階層行業特殊的優惠而傷及其他，這會把國家慢慢引向極端，多數選民並不樂見。

當然許多事情是搖擺不定的，但多數情況下需求和供給會很快自己找到平衡。經濟的歷史一直重複週期性循環，這種上下起伏不可避免地會使很多人成爲犧牲品，只有少部分參與者能保護自己，否則，循環的振幅便不存在。

人們可以精確地測算出漲潮和退潮的時間，卻阻止不了潮汐的發生。人們只能躲開潮汐，採取預防措施。那些在經濟生活中能測算出漲退潮時間的人，是公認聰明才智之人。而過去的經驗告訴我們，這種人並不多見。

人們必須實際而不教條。衆所周知，所有理論都是不黑不白，模棱兩可的，即使能得出人們希望的結論，但只有在極少的情況下結論是正確的，而且無法付諸實現，因爲可能不符合當時的政治和心理狀況。當人們知道該做什麼的時候，只剩下一個問題：是否可行？傳統貨幣專家承認，多數必須採取的措施都因政治和社會因素不可行，但他們還是極力宣揚自己的理論，又說：「此後的事我們管不了！」

放任自由或計畫經濟較佳，很久以前法國詩人皮隆（Poet Alexis Piron; 1689~1773）的短詩，就曾對這個問題作了最佳的回答：「庫林欣賞著情人的玉腿，一會兒覺得左腿很美，一會兒覺得右腿也很美。『不要猶豫，我的朋友。』他的情人說道：『我告訴你，眞理在兩者之間。』」

52 克魯格的悲劇

我終於體認到：
當親友因為一杯咖啡而滿足時，
香檳和魚子醬不再會為我帶來享受。

三〇年代初的經濟危機期間，我是衆所周知最堅定的放空投機者——一個被證明很有利可圖的差事，我幾乎每天陶醉在自己的成功，陶醉於金錢，更陶醉於我的先見之明。同事來找我，大家幾乎把我當成趨勢預言大師。

「這怎麼可能呢？」他們問我。我的回答是：「股市上什麼都有可能，甚至連合乎邏輯的事也會發生。」因爲對我來說奧斯特利克和戴維德遊戲集團（Oustricund Devilder-Spielsyndikate）的崩潰，像四十年後IOS、格拉姆克（Gramco）等的崩潰一樣合乎邏輯，甚至理所當然；唯一令我驚訝的是其他人的訝異。

由於我現在有資本，所以想享受一下舒適生活，但這時卻發現了一個難爲情的狀態：當我的哲學理性和股市直覺讓我賺進了大筆鈔票時，其他人卻輸了。那時布希（Wilhelm Busch）的一句詩經常出現在我的腦海裡：「極大的災難，暴露陰謀，哈哈——我超脫在外。」願望實現了，但眼前的這齣戲卻令我十分沉重。

我的朋友，我的同事，所有我喜歡的人都被毀了，他們在這場危機中或是失去了金錢、或是失去了職務，不知道未來將給他們帶來什麼，而我現在卻獨享大筆財富，消費我曾經夢想的任何奢侈和享受。

豪華酒店和餐廳的大門向我敞開，因爲我的錢包飽滿。但是，現在其他人都不在場，美好的氣氛結束了，愉快的笑容消失了，取而代之的是痛苦和低潮。我獨自一人，只和自己在一起，到處都提供待價而沽的好東西，但我一點興趣都沒有。**我終於體認到：當朋友必須為了一杯咖啡而滿足時，香檳和魚子醬便不再為我帶來享受。**

我不敢也根本不能幸福，我覺得自己比以前更糟糕。

我有一個主意：難道同時和其他人一起賺錢（當然總比他們賺得多一點）不是更好嗎？但是要和他們同流合污？我的成功幾乎使我壓抑，我開始懷疑自己的放空哲學，人不能總在別人哭的時候笑。在股市的教戰手冊上有這樣一句話：「**放空投**

機者會被上帝蔑視，因為他總想賺別人的錢。」有一天發生了一件災難性的事件令我徹底轉變，那是一場悲劇，在悲劇的結尾演員再也站不起來了。

那是一個星期六的下午，巴黎市民神情肅穆地聚集在香榭麗舍大道參加外交部長白里安（Aristide Briand）的葬禮。儀式過後人群四散，我不知道該做點什麼，爲了消磨時間，我來到朋友的辦公室聊天。他是個股票經紀人，當然在他那兒我看了一眼最新的股市行情。

那時候，星期六下午股市營業時間只有短短兩個小時，在安靜的市場上有件奇怪的事發生了。當天唯一交易的一支證券是瑞典火柴業大王克魯格的股票（Kreuger-OG-Toll-Aktien），而且在整個交易時間裡，它的價格一直沒變，但量很大，令我十分好奇，因爲我放空那支股票。

瑞典火柴大王克魯格（Ivar Kreuger）的想法既簡單又聰明。中歐和東歐國家需要錢，克魯格願意爲這些國家籌集。爲求回報，這些國家答應他獨享火柴壟斷，如此便可以保證他有可觀的盈利。只是克魯格並不擁有德國全部的火柴市場。

於是他的公司發行債券，把債券的對應價值提供給需要資金的國家。這些債券絕大多數在美國被認購。克魯格不想利用進出貸款利息差價掙錢，只是靠火柴工廠的盈利。這個方法並不新，十六世紀富格（Fugger）家族曾經也以壟斷作爲貸款擔保的交換。

富格家族借錢給陷入困境的貴族，從而享受某項貿易的特權或開發物產資源。葡萄牙國王允許他們在一段時間裡壟斷胡椒貿易，西班牙國王則把銀礦和銅礦的開發權保留給他們。

克魯格又用起這一套，舊瓶裝新酒，利用股票、債券使美國的資本流入中歐和東歐。債務國是匈牙利、羅馬尼亞、德國、南斯拉夫、波蘭和幾個南美國家，債權國首先當屬美國、荷蘭、瑞士、英國、法國。

事情看來理智可行，如果債務國有償債能力，事情也應該如此，絕對不會演變成克魯格最終的失敗，而是對中歐不利的政治事態引來了災難。

克魯格錯誤估計了這些國家的金融機構和經濟未來。他是一個工程師、企業家，但絕不是有經驗的銀行家或投機者，否則絕不會讓自己做這種事。但也由於他既不具備銀行家也不具備投機者的素質，一切自然悲劇性地結束。

有一天德國、羅馬尼亞、匈牙利和其他債務國，決定停止償付利息和分期償還債券本金，但還沒能導致克魯格工業王國的瓦解。在此種情況下，債券持有人只會失去他投入的部分資金，而發行公司也不會因債務國無力償債而破產。

但是克魯格既不擁有信貸銀行上千的營業窗口，也不具備羅斯察爾德（Rothschilds）的信譽，因而沒能售出所有債券，很大一部分砸在他自己的手裡。於是克魯格把這些債券放在不同的銀行「養老」（做擔保），得到些短期貸款，然後再把這些貸款又用於中歐國家。

克魯格事件十分清楚顯示，他是個忽視金融貿易細節的投機者。另外我還得知，官方股票仲介人協會集團透過一封密函向七十名會員要求，限制爲克魯格貸款擔保的債券數量。

當時美國的經濟危機進入最緊急狀態，中歐的政治局勢也無望好轉，由於上述原因，沒有人對把自己的錢投在克魯格的債券上感興趣。

情況看起來很嚴重，我毫不猶豫地投入瑞典火柴的放空投機，行情已經降了一點，但克魯格顯然在硬撐，避免危及他在銀行和股票經紀人那裡「養老金」的貸款信譽。在巴黎，瑞典銀行在爲克魯格工作；在紐約是李．赫金森（Lee Higgison）銀行。克魯格警覺的委託人不停買入，以維持行情。

星期六的大筆賣出，我以爲可能是部分銀行礙於合約，所以付了一點錢把克魯格的股票價格保持在五．二五美元，哪怕爲此要買進大批債券。在那天下午，當我因白里安的葬禮而來到香榭麗舍大道時，在兩小時之內有幾十萬股股票神祕地被拋上市場。我絞盡腦汁，百思不得其解。

當時我不可能知道，矗立了幾幢樓的維克多．艾曼努艾爾第三大街上，克魯格已經橫躺在公寓裡。華爾街證券交易所下午開門時，他已經氣絕。但是克魯格的委託銀行毫不知情，否則不會執行客戶的購買合約。

克魯格星期六上午十一點自殺，算上時差這消息本可以在紐約股市營業之前傳出，但它卻在星期六晚上才遲遲被公布。

有幾個人知道這個秘密，一個克魯格的合夥人，同時也是他最好的朋友，私人女祕書和清潔女工，她是在打掃房間時發現慘況的。

克魯格的合夥人很機智地說服警察，不要在當晚之前公布自殺消息。她甚至成功地說服深受感動的警務人員，不這麼做會造成全球性災難，他們要對此負責任。

畢竟死者曾是該地區的最高官員，他的社會地位要求特殊的處理。另外由於白里安的葬禮在此時進行，再加上是週末，警察局裡沒有幾個人職勤，警員們深信自己攔住了歷史的車輪，願意保守秘密。

知道秘密的人包括一位警界高級官員，中午他女兒擔任記者的未婚夫邁克來訪。

「我有個天大新聞，你一定知道怎麼用它，甚至從中得利。只是你必須保證，不要在晚上之前把消息傳出去。想不到吧，瑞典火柴大王克魯格今天早晨在公寓裡自殺了。」

年輕人保證暫不洩密。作爲一名盡職的美國記者，邁克立刻鑽進報社的資料庫，蒐集這位金融界風雲人物的生平資料。然後回到家，寫了一篇專文並在當晚電傳到報社。

第二天早晨所有的報紙都以頭條報導了這天大的新聞，「金融家克魯格自殺！」當我打開晨報時嚇了一跳，這則新聞像是給了我當頭一棒，突然間我明白了前一天的股票風波。我又賺了錢，但這次是以一條人命為代價，使我的放空投機索然無味，差點覺得自己應該對克魯格的死負責任。總之我覺得自己缺少道德感。

我還不知道，克魯格的死將改變我的人生哲學。經過這次驚嚇，我變成了樂觀派的作多投機者。星期一早晨克魯格證券大跌，幾乎無法開價，我開始買進，許多美國銀行在星期六的大批買進後停止了付款。

這場驚嚇尤其使我震動，因為我完全不像全球新聞界那樣，把克魯格歸為騙子。他做生意的基本思想是守本分和準確的，錯只錯在對經濟和政治形勢的誤判，從而成為不幸世態的犧牲品。當克魯格的高樓傾圮時，試圖力挽狂瀾，這才把自己從一條出路逼向另一條出路，愈走愈遠，終於逐漸模糊了合法與不合法之間的界限。當然，公眾損失了幾十億，但是此事的責任不應該只記在克魯格的不法行為上，還應記在中歐的政治情勢和財經關係上。我認為，人們應該稍稍寬待克魯格的罪孽。

這一天，記者邁克又來找他的未婚妻。

「用上我給你的資訊嗎？」未婚妻的父親問他。

「當然用上了。」年輕人回答：「我們總裁對我的文章表示祝賀，因為多虧您，我的報導成了獨家。」

「噢，那你沒有做其他的事！」

年輕人必須爲他的笨拙付出代價，他沒有得到那位父親的女兒。因爲對這個世界的生存鬥爭來說，他太不成熟了。克魯格的悲劇在內心世界改變了我。它給了我一個更人道、而且相對更健康的角度，並且把我從悲觀者的暴躁中解放出來，我結束了我所有的放空生意。

拋開我改變的靈魂不談，我的感覺也告訴我，整個世界的悲觀情緒已越過了它的最低點，對此已有不同的徵兆，股市的趨勢不斷搖擺。在春天，由於羅斯福當政和新貿易的改革，開始了美國經濟飛躍和股市作多的新時期。

我想說，那時是我一生的機遇，我的生活在某種程度上與世界歷史的步伐相一致。

我個人的發展達到了一個有利的轉捩點，而且在一個正確的時刻，我成爲一個新的生命，從曾包括我在內的風暴中走出來。同時世界的絕大部分也碰巧同樣經歷著一次蛻變。

美國從會令人窒息的資本主義危機中掙脫出來，類似的災難永遠不可能再發生，這是第一次也是最後一次。

從這次犧牲了百萬人的壓抑中我得了很大的利益，但餘味卻是苦的，這一次我徹

底體認到，通過經濟繁榮賺錢更美好。現在我覺得自己對金錢有某種蔑視，因爲我重新重視起其他曾經不受我尊重的價值。我的幸運是：這些價值不僅在我眼中，而且在股市上也上漲了，在羅斯福時代出現了瘋狂的作多行情。

從此我體認到，生活中還包含有許多東西，人們雖然在金錢的幫助下能夠更容易得到，但無法被金錢取代。

當然這不會改變我整天都在絞盡腦汁，設想如何能在股市上爭取成就。値得自豪的是，在每次成功的投機中，我正確的預見能力和物價的盈利同樣令我高興。

53 華爾街上的慶典

證券公司不用我有道理，我在股市上的經驗和靈敏嗅覺，
對他們一點幫助也沒有，和佣金沒有直接關係。
華爾街上的慶典持續著，我的華爾街夢碎了！

所有股市的運轉愈來愈像互通管道的理論，任何一個人在任意一個地方按一下按鈕，人們在五千公里之外便能感到其作用。

科威特的艾米爾隨便做了一個決定，多倫多的金礦股票就開始上漲。巴黎一場暴力金融危機，就使紐約的英鎊債券下跌。國際事態影響到證券和貨幣市場、商品交易所和財政部，隱藏在後的總是金錢的冒險，爲此什麼手段都被用上。

交易所的花花世界永不停息，它日夜運轉不息。在這個日不落王國裡，交易所實行的是二十四小時輪班制。

可以把股票族像所有人一樣，分成樂觀派和悲觀派，他們的個性也反映在股市的思維上。當樂觀派賣出他一半股票而這支股還在繼續上漲時，他會高興自己保留了另一半；這支股下跌時，他會高興於至少已賣出了一半。相反的，悲觀派賣出了一半股票而股票繼續上漲時，他會生氣；股票下跌而他保留了一半時，他也會生氣。

儘管投機者遊手好閒，做的盡是毫無創造性的工作，但投機者發揮了一個重要的作用——至少在資本主義經濟體制中，他透過交易所這條路把資本貢獻了出來，雖然他的目的只是投機。

「給投機者公平的評論：承認他對自由市場經濟的貢獻。」我有這樣的經驗，股票族是一個國際大家庭，散布全球的共濟會。在我爲參與或觀察全世界市場的諸多遊戲中體認到，兩個股票人相遇，他們彼此談論什麼呢？股市故事，這個話題源源不絕，儘管有多次爭論，我對股市的激情依然未褪；儘管時有成功，我的野心始終沒有滿足過。三十年來我不斷尋找一種股市工作，但不僅限於不時給經紀人打電話買賣合約。於是有一天，這樣的舉動導致了一場我不敢輕忘的失敗。

一九六一到六二年冬天，華爾街一片喜慶，股票族的生活十分美好，股市的狂熱當時在美國達到了高潮，人們不需要太多的理智就可以裝滿自己的口袋。如果有幸抓住一支新的熱門股，等於是中了彩。新股上午以十美元的價格上市，到下午就已經值二十或三十美元。人們只需認識經理夫人的理髮師，就能登上幸運者的名單，在新上市的股票分得一杯羹。

某一位天才的樂師指揮著這支樂隊，在樂聲中總有對賺錢感興趣的新手被拖進魔舞之中。經紀人全體全速工作，即十萬經紀人以百分之百的產能投入作業，絕大多數根本離不開電話，因爲一通電話就又能賣出五百到一千支新發行的股票。當然，所有的證券都是「熱門股」，至少都足夠加溫，甚至加熱過頭，顧客因此燙傷了手指。

但是經紀人和金融仲介的人數看來還始終不足，透過廣播和報紙的求才廣告不斷，有價證券的成交額每天都創新高。仲介公司連夜趕工，似乎永遠無法止顧客的渴。

但這種過於緊張的氣氛也是必要的，如此任何股票都可以在炒熱的氣氛中輕易脫手，不管是空氣城堡集團或是月亮房地產股票都一樣。這使我想起一九二九年，這是那場最終以一九六二年危機而結束的繁榮。

當時一家大公司每天都在電台廣告尋找新的員工——直接地說是在找強拉顧客的新手騙子。該公司用煽惑的言詞鼓勵求職人在股市這行裡碰運氣，他們可以有三十天的培訓，然後擔任新的經紀人管理顧客的投資。

看呀，我對自己說，這簡直是爲你設計的工作。不是因爲我需要它，但它刺激了我的虛榮心，難道我沒有積累了大量金不換的經驗嗎？難道我不配在股市知識擁有一席之地？由於沒做成這些，在我心靈深處留下了小小的傷疤。

電台廣告描述得那麼吸引人，讓我忽然有興趣給自己做個測驗。雖然我沒有得到交易所實習的席位（只得到一張咖啡館桌子），但是得到了一個簡單的職位，終於有人願意根據我的經驗付給我固定的薪水。另外，我還得到一份存款，在美國，人們會斜眼看待每一個無法證明自己有普通工作的人。而能在華爾街上，在高雅、貼著絲絨壁紙的辦公室工作，四周有電子儀器、擴音器和不停傳動的傳眞機環繞，將是多麼美好！對到目前只能在公寓或咖啡館裡關注股市發展的人來說，這是一個夢想，我將有權利在印有華爾街地址和電話的名片上，還炫耀我公司的名稱。

我決定了！我準備爲這家刊登廣告的公司，提供我畢生的知識能力和經驗。我以享受的心情設想那種畫面，我將如何在招考面試時向未來的老闆表現自己，他們不僅將驚訝於我的理論知識，同時還將聽到一整篇有關股市投機哲學的論文。

結果我連最基層的主管都沒見到，前廳一位勤務人員用一張表格便打發了我，他連看都沒看我一眼，只要求我填好表格，幾天後我將得到答案。

表格上要填寫的是有關學經歷一類老套的問題，他們好像是在找保母或司機之類的職位。我有些擔心地交了表，覺得自己被派到了另一個世界，重複經歷十八歲找第一份工作的歷程，未來幾年的命運遙不可測。

我不想否認我也害怕過，在這偌大的美國，在沒有同情的華爾街上，我有情結。在這裡，每個人都以他每月能拿多少佣金受人評判。我只在電影工業中聽說過「製作人」這個頭銜，但是在華爾街，人們管創造佣金的人也叫「製作人」。華爾街會不會接納我呢？勤務人員一聲不響地接過我的表格，我迷茫地走出公司。

在第五大街的旋渦中我又找到了自信，開始計畫我將如何展開新的工作。

但這永遠只是計畫，幾天之後接到他們表示遺憾的回函。由於缺乏經驗他們暫時不需要我，但這不能阻止我停止計畫，我會再接再厲。

我看見讀者在暗笑，但是讀者沒道理，而公司有道理。對企業來說，我是否能正確判斷經濟和金融狀況並不重要。我和少數的同齡人擁有股市的經驗，我懂得政治、經濟和股市之間的關係，對股市的嗅覺靈敏，但這對他們又有什麼用？

公司只對懂得把老婦人從紙牌遊戲引到交易所來的人感興趣，讓被引進來的人坐在交易所顯示牌前，不斷地加入遊戲並支付佣金。

每天都有新的證券以天價上市，人們有必要以攻擊性的遊說藝術，把這些股票弄進小儲蓄人的抽屜裡，愈來愈多且愈來愈快，以便人們能夠聲稱，證券的需求已大於供應的十倍，市場上已搶不到股票了。這類消息的傳播刺激了民眾的胃口，只要一推出新證券立刻就被人們吞噬。

在這一方面，不論過去或現在我都沒有經驗，這是事實。公司對我作了正確的評判，至今我也沒有記恨，如果我想透過華爾街的工作維持生活，就必須學習其他方法。在資本主義的壁壘中，我幾年經驗的結果是既無法得到資本家的認可，也不能保證自己有一份微薄的年薪。

儘管如此我靠股市生活得很好，但這是另外一回事！不是資本家給了我掙錢的機會，而是資本主義。所以我要做股市專家戰艦上的忠實尖兵，因爲他們不論是「實業家」，或是不可缺少的寄生蟲，都服務於自由的市場經濟。

股市和投機對我來說永遠是新鮮的話題，所以我繼續在全世界的咖啡館裡開辦有關股市、貨幣、政治和經濟（至於音樂、藝術和女人只是插曲）的講座。六十年來在紐約、巴黎、坎城、羅馬、日內瓦、蘇黎世、慕尼黑、維也納等地，甚至在布達佩斯都有我的講座。我早期的講臺只是咖啡桌，但這不改變我的公正和熱情。

結語　從八十五歲開始

七十二年來我和這個股市的花花世界有一種真正的戀愛關係，也有激烈的爭執。人們可以想像，我在股市上都經歷了些什麼，但也有幸生存下來；上百次的成功和失敗。

我私下對我長年的學生兼朋友施蓬格（Hubert Spegel）說，選出這些經歷中的片斷，就像從蛋糕中挑出葡萄乾來，我的目標不是上股市小常識，而是和讀者交談。儘管如此，百分之百的股市專家也能從這些經歷中學習到，在股市裡，一切都可能會發生。

在這七十二年裡，我能體認到，**股市總是在不同劇場上演、總是起用新的演員，但誰是好的演員，只有繼承人知道**。

希望我的小故事沒令你感到乏味，當我在交易所或在咖啡桌邊講述這些故事時，我的朋友們都非常有興趣。

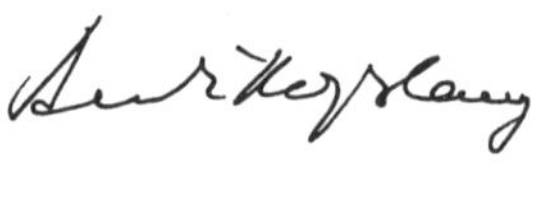

在交易所，我失去了觀衆，因爲作爲聚集地點，交易所會逐漸消失，一切將被電話通訊所取代，將不再有「我出，我買」的沸騰，鼎盛交易的精華將被鍵盤取代。交易所大廳裡不同類型人組成的大觀園，是一個沉沒的世界。在倫敦和巴黎的交易所，人們今天只能碰到鬼。這種情況馬上也會發生在法蘭克福、杜塞多夫和世界所有的交易所。但我還會出席，不在交易所大廳，卻在印刷的紙上講述關於股市的投機故事。

我曾經寫過，生活從七十歲開始，在後來的書裡我把它改爲七十五歲甚至八十歲。今天我收回一切：對我們股票人來說，生活從八十五歲才開始。

《一個投機者的告白》之金錢遊戲

作者　安德烈・科斯托蘭尼（André Kostolany）
譯者　丁紅
商周媒體集團榮譽發行人　金惟純
商周媒體集團執　行　長　王文靜
商業周刊出版部
總編輯　余幸娟
編輯總監　羅惠萍
責任編輯　王志銘
封面設計　賴盈成
出版發行　城邦文化事業股份有限公司-商業周刊
地址　104台北市中山區民生東路二段141號12樓
傳真服務　（02）2503-6989
劃撥帳號　50003033
戶名　英屬蓋曼群島商家庭傳媒股份有限公司城邦分公司
網站　www.businessweekly.com.tw
電腦排版　帛格有限公司
製版印刷　中華彩色印刷股份有限公司
總經銷　高見文化行銷股份有限公司　電話：0800-055365
初版一刷　2010年（民99年）12月
初版十刷　2011年（民100年）1月
定價　280元
ISBN　978-986-85715-6-3（平裝）

Kostolanys beste Geldgeschichten: Profitable Ideen für Geldanleger und Spekulanten by André Kostolany

First Published 2000 by Econ Verlag

Chinese language edition arranged through Hercules Business& Culture GmbH, Germany.

國家圖書館出版品預行編目資料

《一個投機者的告白》之金錢遊戲 / 安德烈・科斯托蘭尼（André Kostolany）著；丁紅譯. -- 初版. -- 臺北市：城邦商業周刊, 民99.12
面；　公分
譯自：Kostolanys beste Geldgeschichten
ISBN 978-986-85715-6-3（平裝）
1.科斯托蘭尼（Kostolany, André） 2.傳記 3.金錢心理學 4.投資
563.68　99021706

紅沙龍

Try not to become a man of success but rather to become a man of value.
~Albert Einstein (1879 - 1955)

毋須做成功之士，寧做有價值的人。——科學家　亞伯・愛因斯坦